COMMENT METTRE
LA DROITE K.-O.
EN 15 ARGUMENTS

Du même auteur

Dans l'œil de l'aigle. Washington face au Québec, Montréal, Boréal, 1990.

Carrefours Amérique, Montréal, collection « Papiers collés », Boréal, 1990.

Les Prétendants, Montréal, Boréal, 1993.

Le Tricheur. Robert Bourassa et les Québécois, 1990-1991, Montréal, Boréal, 1994.

Le Naufrageur. Robert Bourassa et les Québécois, 1991-1992, Montréal, Boréal, 1994.

Sortie de secours. Comment échapper au déclin du Québec, Montréal, Boréal, 2000.

Nous, Montréal, Boréal, 2007.

Pour une gauche efficace, Montréal, Boréal, 2008.

Imaginer l'après-crise. Pistes pour un monde plus juste, équitable, durable (avec Éric Montpetit), Montréal, Boréal, 2009.

Troisième millénaire – Bilan final. Chroniques impertinentes de Jean-François Lisée, Stanké, 2011.

JEAN-FRANÇOIS LISÉE

COMMENT METTRE LA DROITE K.-O.

EN 15 ARGUMENTS

Stanké
Une compagnie de Quebecor Media

Catalogage avant publication de Bibliothèque et Archives nationales du Québec et Bibliothèque et Archives Canada

Lisée, Jean-François

Comment mettre la droite K.-O. en 15 arguments

ISBN 978-2-7604-1098-5

1. Québec (Province) – Conditions économiques – 21e siècle. 2. Québec (Province) – Histoire – Autonomie et mouvements indépendantistes. 3. Droite (Science politique) – Québec (Province). I. Titre.

HC117.Q4L57 2012 330.9714'05 C2011-942824-5

Édition : Miléna Stojanac
Révision linguistique : Isabelle Lalonde
Correction d'épreuves : Emmanuel Dalmenesche
Couverture : Chantal Boyer
Grille graphique intérieure : Clémence Beaudoin
Mise en pages : Bruno Lamoureux
Photo de l'auteur : Julien Faugère

Remerciements
Les Éditions internationales Alain Stanké reconnaissent l'aide financière du gouvernement du Canada par l'entremise du Fonds du livre du Canada pour leurs activités d'édition. Nous remercions le Conseil des Arts du Canada et la Société de développement des entreprises culturelles du Québec (SODEC) du soutien accordé à notre programme de publication. Gouvernement du Québec – Programme de crédit d'impôt pour l'édition de livres – gestion SODEC.

Les Éditions internationales Alain Stanké
Groupe Librex inc.
Une compagnie de Quebecor Media
La Tourelle
1055, boul. René-Lévesque Est
Bureau 800
Montréal (Québec) H2L 4S5
Tél. : 514 849-5259
Téléc. : 514 849-1388
www.edstanke.com

Dépôt légal – Bibliothèque et Archives nationales du Québec et Bibliothèque et Archives Canada, 2012

ISBN : 978-2-7604-1098-5

Distribution au Canada
Messageries ADP
2315, rue de la Province
Longueuil (Québec) J4G 1G4
Tél. : 450 640-1234
Sans frais : 1 800 771-3022
www.messageries-adp.com

Diffusion hors Canada
Interforum
Immeuble Paryseine
3, allée de la Seine
F-94854 Ivry-sur-Seine Cedex
Tél. : 33 (0)1 49 59 10 10
www.interforum.fr

À Sandrine,
qui me tient bien au chaud,
à gauche, côté cœur

SOMMAIRE

Introduction

DE QUOI SE FLINGUER !

Saviez-vous que le taux de suicide, au Québec, n'est pas parmi les plus élevés au monde ? Qu'il n'est ni parmi les cinq premiers ? Ni parmi les dix premiers ? Ni parmi les vingt premiers ? Non ?

Moi non plus, je ne le savais pas, avant de me pencher sur la question pendant cinq minutes et de trouver dans Internet des données comparatives à l'échelle mondiale.

Comme vous, je croyais que le Québec était l'un des champions du taux de suicide, car c'est ce que je lisais presque chaque année dans les journaux. Et que ce taux de suicide affolant était le symptôme d'un grave dysfonctionnement de la société québécoise. Un cri d'alarme qui nous était adressé, à nous Québécois, bien davantage qu'aux autres nations industrialisées.

Or, ce taux n'a jamais été parmi les cinq premiers de la planète, et il ne nous plaçait qu'au vingt-sixième rang en 2009, selon les derniers chiffres de l'Organisation mondiale de la santé, derrière des pays où il fait bon vivre comme la Finlande, la Belgique, la France (« Heureux comme Dieu en France », disent les Allemands) ou encore ce paradis sur terre qu'est la Suisse.

Le résultat québécois va probablement encore s'améliorer, car le taux de suicide chez nos concitoyens a chuté de plus du tiers ces dix dernières années.

Quel rapport avec la droite ? Le voici : à lire tout ce qui s'écrit et se dit, dans la droite québécoise, sur la « médiocrité » de l'économie québécoise, sur l'enfer fiscal dans lequel nous sommes enfermés, sur le corporatisme et la sclérose que nous imposent l'État, les syndicats et la gauche, sur notre endettement catastrophique, notre niveau de vie anémique, notre faible productivité, notre propension à ne pas travailler, bref, sur notre immobilisme, une très grande question s'impose à nous : mais pourquoi donc notre taux de suicide n'est-il pas parmi les plus élevés au monde ?

Réponse : parce que les Québécois n'arrivent pas à croire la droite. Ils n'ont pourtant pas l'habitude de se croire supérieurs. Ce serait plutôt le contraire. Nous sortons d'une longue tradition d'autoflagellation, nous croyant « nés pour un petit pain » et ne nous étant découvert des talents pour l'économie et les affaires qu'au cours des toutes dernières décennies.

Pourtant, en ce début de XXIe siècle et alors qu'une crise économique mondiale aurait dû nous faire replonger, les arguments de la droite aidant, dans notre déprime historique, les Québécois se regardent, observent ce qui se passe autour d'eux, et n'arrivent tout simplement pas à croire qu'ils sont les cancres de l'Occident.

Ainsi, interrogés au printemps 2010 par CROP, qui cherchait à savoir comment le Québec se comparait aux autres nations industrialisées, 26 % des Québécois ont déclaré que la situation québécoise était « moins avantageuse » que celles des autres nations.

Mais 51 % ont affirmé que la situation québécoise était « comparable » à celle des autres pays industrialisés. Et pas moins de 21 % ont poussé l'optimisme jusqu'à dire que le Québec se comparait « avantageusement » aux autres nations. Soit un total de 71 % de Québécois non complexés et non convaincus par l'offensive dépressive de la droite.

Cela ne signifie nullement que la droite québécoise baisse les bras. Au contraire. Le poids médiatique des tenants de la droite conservatrice, dont certains sont même proches des thèses du Tea Party américain et de Sarah Palin, est plus fort que jamais.

Qu'est-ce que la droite ?

Fondamentalement, qu'est-ce que la gauche et qu'est-ce que la droite ? Dans leur excellent ouvrage *La Gauche et la droite – Un débat sans frontières*, les politologues Alain Noël et Jean-Philippe Thérien, de l'Université de Montréal, avancent cette définition :

> D'un côté se trouve la droite, qui est pessimiste sur la nature humaine, considère la vie comme une compétition acharnée entre les individus, recherche la sécurité pour se prémunir contre une violence toujours possible, et définit l'égalité en termes de droits individuels. Et, de l'autre, il y a la gauche, plus optimiste sur l'humanité, confiante dans la capacité de vivre ensemble des communautés, soucieuse de voir l'État protéger les citoyens des risques sociaux, et désireuse de réaliser ce qu'elle considère comme la véritable humanité.

C'est la ligne de fracture essentielle. Elle se réinvente à chaque époque. Depuis quelques décennies, la droite s'incarne dans le néolibéralisme, qui propose une réduction de l'État, des systèmes d'entraide publics, de la fiscalité et de son action « redistributrice », de la réglementation. Que cette politique ait conduit, depuis 2008, à la pire crise qu'ait connue la planète depuis les années 1930 n'inhibe en rien les porteurs de cette idéologie.

Et on doit à la vérité de dire que, sauf pour quelques porte-parole libertariens, la droite québécoise est moins virulente que celle de nos voisins du Sud, qui semblent déterminés à ramener les États-Unis à l'âge de pierre, économiquement et socialement.

Soyons précis. De qui parle-t-on lorsqu'on désigne la droite québécoise ? De la droite décomplexée et libertarienne du Réseau Liberté-Québec, qui prône un désengagement complet de l'État. De la machine à études de la droite, l'Institut économique de Montréal (IEDM), qui souhaite faire reculer, par exemple, le droit du travail québécois au niveau néanderthalien américain. Du Conseil du patronat, plus modéré, mais qui suit l'IEDM sur ce terrain. De l'Action démocratique du Québec, qui ne croit qu'aux vertus du privé. D'un certain nombre de chercheurs associés et de commentateurs économiques et politiques, qui sont à la fois des détracteurs permanents du Québec, de l'État, du service public, des fonctionnaires, des taxes et des impôts, des lois et réglementations et, bien sûr, des syndicats, des écologistes et des groupes sociaux.

Du Parti conservateur de Stephen Harper, bien sûr, mais aussi du Parti libéral de Jean Charest, qui a raté son programme de réingénierie de l'État et de vente globale au privé des fonctions de l'État, mais qui gruge, année après année, le secteur public, ayant anémié le ministère des Transports au point qu'il est inapte à traquer la collusion et la corruption.

L'influence des thèses de droite se fait sentir jusque dans certaines déclarations de François Legault, qui affirme sur toutes les tribunes que les Québécois touchent 45 % moins de revenus que les Américains, ce qui est absurde. Au total, le virus idéologique de droite nous est présenté depuis trois ans avec une ardeur nouvelle, notamment dans les deux quotidiens les plus lus au Québec : le *Journal de Montréal* et le *Journal de Québec*, où dominent désormais les chroniqueurs de droite.

Tout est bien sûr question de degré. La droite libertarienne, très forte dans le Tea Party américain, présente dans le Parti conservateur canadien et dans l'ADQ, souhaite le démantèlement de l'État providence, la réduction de l'État à sa plus simple expression. Elle estime que, libérés de la « tyrannie » de l'État, les individus, essentiellement laissés à eux-mêmes, seront plus heureux et plus prospères. Aucune expérience historique ne soutient cette thèse, mais, comme les marxistes-léninistes, les libertariens répondent que c'est parce qu'aucun État n'a correctement appliqué leurs thèses.

Et la gauche ?

La gauche sociale-démocrate (la seule qui compte au Québec, Québec solidaire se montrant d'ailleurs remarquablement modéré depuis sa création) croit au contraire à la nécessité d'un État fort pour assurer au plus grand nombre l'égalité des chances, la qualité de vie et la correction des inégalités et de la pauvreté induites par le marché. Toute l'expérience occidentale, de l'après-guerre jusqu'à la fin des années 1970, atteste des succès de cette approche.

Les « trente glorieuses » (de la fin de la guerre en 1945 à la crise pétrolière de 1973) ont été la période de la plus forte croissance économique, mais également l'ère des taux d'impositions élevés, de la construction de l'État providence, du déploiement du syndicalisme, le tout se traduisant par l'émergence d'une vaste classe moyenne partout en Occident.

Ma lecture du débat politique québécois actuel est qu'il n'existe probablement pas plus de 10 % de nos concitoyens qui souhaitent un démantèlement de l'État providence, comme le propose la vraie droite, celle du Réseau Liberté-Québec et d'une partie de l'Institut économique de Montréal.

L'essentiel du débat se déroule entre deux tendances. D'une part, les Joseph Facal et Lucien Bouchard et, d'autre part, les troupes du PLQ, de l'ADQ et François Legault, qui estiment que cet État providence devrait faire une place plus grande au secteur privé, sans toutefois s'effondrer.

Et, d'autre part, les sociaux-démocrates, dont je suis avec beaucoup d'élus péquistes, de syndicalistes jeunes et vieux du vaste réseau de l'économie sociale, qui souhaitent réformer l'État providence pour le rendre plus efficace, plus souple, plus innovant, donc plus solide et porteur d'encore plus de justice sociale.

(Il y a bien sûr des fossiles qui ne veulent rien changer. Ils ne représentent qu'eux-mêmes.)

J'estime que l'immense majorité des Québécois se retrouvent dans ces deux options et qu'on interprète comme des signaux de droite dure de simples impatiences face à un appareil d'État jugé (parfois à tort, souvent à raison) trop rigide et trop dépensier. Les Québécois réclament une saine gestion, pas une contre-révolution tranquille.

Je crois qu'il n'en tient qu'aux sociaux-démocrates de démontrer leur capacité d'innovation et d'efficacité pour remporter ce débat dans l'opinion publique.

Droite québécoise et détestation de soi

Que dit la droite exactement ? Je pige un exemple au hasard. En septembre 2011, on lisait dans le *Journal de Montréal* cette chronique de Benoît Aubin, donnant son avis sur les Québécois :

> Nous avons développé ici un mépris de la loi, et une complaisance face aux responsabilités individuelles qui

n'ont d'égal que notre tolérance de la médiocrité et de « l'à-peu-près ». [...] Des diplômes bidon ne servent qu'à gravir les échelles de salaires conventionnées. Et les ponts tombent...

Les ouvriers savent tous qu'il se « passe des affaires » sur les chantiers et dans les syndicats. Pas un mot. Aux transports, 5 600 fonctionnaires n'ont rien vu, ou rien dit. Les politiciens ne veulent pas savoir si leur financement est moral, pourvu qu'il soit légal.

Nous vivons dans une société surtaxée qui n'en donne à personne pour son argent, une société plus intéressée à protéger ses acquis qu'à bâtir l'avenir : un milieu propice à ce type de cancer.

Ce n'est pas tant d'une commission d'enquête dont un certain Québec a besoin en ce moment, mais d'un miroir, pour mieux voir ce qu'il est devenu.

Il y a un détail intéressant dans ce portrait : les Québécois, les étudiants, les fonctionnaires, les ouvriers, les syndicats et tous les politiciens sont responsables. Mais – vous avez remarqué ? – aucun patron ! À croire que le Québec est le paradis de l'autogestion, ce système où les salariés dirigent collectivement leurs entreprises.

Lorsqu'on lit ce genre de prose, on a du mal à comprendre pourquoi le « médiocre » Québec, qui représente moins du quart de la population canadienne, concentre dans ses frontières plus que sa part des emplois de haute technologie. Pourquoi Montréal détient la plus forte concentration d'emplois de haute technologie des villes canadiennes et est parmi les cinq premières en Amérique du Nord dans ce domaine.

Comment les pratiquants de « l'à-peu-près » peuvent-ils avoir fait de Montréal la troisième capitale mondiale de l'aérospatiale ? Pourquoi la moitié des effets spéciaux d'Hollywood sont-ils produits chez nous ? Comment expliquer qu'une entreprise de Laval, Mondo, ait construit la piste d'athlétisme, les terrains de basketball et de handball des Jeux olympiques de Pékin de 2008 ; que le Groupe GSM, de Montréal, ait aménagé l'observatoire au sommet de la tour la plus haute au monde à Dubaï ; et que la société MPB Communications, aussi de Montréal, conçoive pour la Nasa le petit véhicule d'exploration qui devra répondre à cette grande question : où trouve-t-on de l'eau sur Mars ?

Bref, comment notre « tolérance pour la médiocrité » explique-t-elle que nos créateurs soient constamment appelés à la rescousse pour mettre en scène des hommages aux Beatles, à Michael Jackson ou au centenaire du cinéma, que nous avons plus que notre part d'astronautes ou de sièges sociaux d'organisations internationales ?

Il y a là un paradoxe. On sent bien qu'une certaine droite québécoise carbure à la détestation du Québec, donc à la détestation de soi. Il y a une joie non feinte, dans les lignes que je viens de citer, mais qu'on retrouve à intervalles réguliers, à présenter le Québec, donc soi-même, comme colonisé, en retard, tribal, paresseux. Son organisation politique, son système social, ses organisations, sa fiscalité, les services rendus par son secteur public sont donc tous contaminés par cette médiocrité présumée et doivent en être purgés.

Alain Dubuc, de *La Presse*, a beaucoup donné dans ce registre. On est étonné de lire dans son ouvrage de 2006, *Éloge de la Richesse*, le passage suivant :

> [...] nous sommes sans le sou. Partout, dans les pays industrialisés où nous allons, il y a de l'argent pour réparer les routes. Partout ailleurs, peu importe la philosophie du régime de santé, il sera possible de se faire soigner sans attendre.

Partout ? Je croyais que *La Presse* avait assez de budget pour envoyer ses chroniqueurs aux États-Unis, où les infrastructures tombent en ruine, où un

Américain sur sept n'a pas accès à une couverture d'assurance-maladie. Sait-on aussi qu'il y a des listes d'attente ailleurs au Canada, au Royaume-Uni et même, oui, en France ?

Mais la chose est entendue. Nous sommes, écrit Dubuc, « médiocres », le Québec ayant « quelque chose de tiers-mondiste », au point où nous sommes des « cocus contents ». Comment nous y sommes-nous pris pour tomber si bas ?

> L'impasse n'est pas circonstancielle. Elle est le résultat de décennies de mauvais choix et de mauvaise gestion, de valeurs et de comportements incrustés [...].

Bref, nous ne sommes pas nuls accidentellement. Nous le sommes dans la durée...

Chaque argument de droite est-il nul et non avenu ? Non, évidemment. Même si on devait croire l'expression un peu pompeuse de Jean Charest selon laquelle le Québec « est parmi ce que l'humanité a de mieux à offrir », le fait est que le Québec, comme toutes les autres sociétés, a ses faiblesses, ses dysfonctions, ses grippages. Et il vit aujourd'hui avec le cancer de la corruption dans le secteur de la construction.

J'ai écrit, ailleurs, sur les réformes importantes qui permettraient, à mon humble avis, de faire encore mieux. Je reprendrai certaines de ces idées ici, car rien ne nous permettra mieux, à l'avenir, de contenir le virus idéologique de la droite que de conduire le Québec vers des succès toujours plus grands, pour que notre coin d'Amérique soit toujours plus solide et toujours plus solidaire.

Mettre la droite K.-O.

Le petit livre que vous avez entre les mains a deux fonctions. D'abord celle de servir d'antivirus face aux arguments les plus employés par notre droite locale. Chaque affirmation est prise de front, chiffres à l'appui, et renvoyée là où elle devrait rester : aux poubelles de l'argumentation. K.-O.

Ensuite, ces pages veulent inviter les Québécois, non à la passivité et au contentement béat, mais à la réforme et à l'audace pour aller encore plus loin, faire encore plus fort. J'ai la faiblesse de penser que, malgré tous les obstacles et avec tous ses défauts, le Québec a réussi à créer en Amérique du Nord une société dont la qualité de vie se compare avantageusement à celle de ses voisins. Et n'est-ce pas là l'objectif : la qualité de la vie des citoyens ?

Le Québec y est parvenu, entre autres, parce qu'il a résisté à un certain nombre d'appels néolibéraux pressants au rapide démantèlement de l'État, à la privatisation à tout va, au recul du syndicalisme et de l'action collective, au triomphe de l'individualisme.

Dans un environnement nord-américain qui vire nettement à droite – à Ottawa et à Washington –, le Québec a pour défi de trouver un point de passage entre la régression sociale incarnée par les propositions néolibérales et un refus du changement qui nous condamnerait au surplace. J'estime que les Québécois sont preneurs de réformes importantes, pour peu qu'elles respectent leurs valeurs.

Mais il leur faut connaître leurs forces, pour pouvoir tabler sur elles, et leurs faiblesses, pour pouvoir les surmonter. Il ne faut pas se penser faible là où on est fort. Il ne faut pas se laisser envahir par le virus des arguments de droite. Voici quelques pages qui fournissent des anticorps.

I

LES FAUSSES AFFIRMATIONS DE LA DROITE

Affirmation 1
Le Québec est économiquement médiocre.

Faux, archifaux...

Le Conseil du patronat du Québec est formel : sur le plan économique, lorsqu'on le compare à ses principaux voisins, le Québec offre une performance « médiocre ».

Or, toutes les organisations économiques internationales utilisent une façon très simple d'évaluer la santé économique des nations. Elles comparent la croissance de l'économie totale (le PIB ou produit intérieur brut), divisé par le nombre d'habitants.

Alors voici, pendant la dernière décennie, comment se compare la santé de l'économie québécoise à celle des économies de l'Ontario, des États-Unis, du Canada et des six autres pays les plus industrialisés de la planète.

Il s'agit ici de la mesure la plus totale, la plus englobante du dynamisme économique d'une société. Au cours des dix dernières années, comparé aux pays du G7, le Québec brille, c'est le cas de le dire, parmi les meilleurs. Seule l'Allemagne a connu une croissance plus forte.

Croissance du PIB par habitant pour le Québec, l'Ontario et le G7 de 2001 à 2011

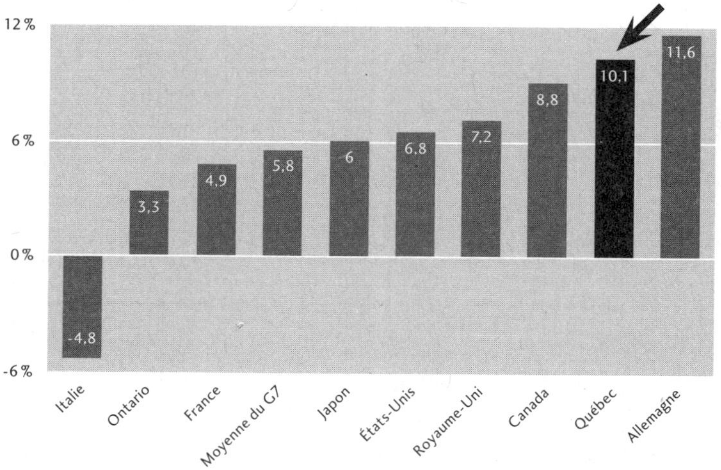

Sources : Fonds monétaire international et Statistique Canada. Estimations pour 2010 et 2011 du FMI et moyenne des estimations de la Banque nationale et Desjardins.

Maintenant, jouons à un petit jeu amusant. Le graphique qui suit montre la croissance économique annuelle par habitant de deux économies depuis les vingt dernières années.

L'une des courbes représente le bolide américain, que la droite québécoise donne souvent en exemple (moins d'impôts, moins de syndicats, moins de réglementations) ; l'autre, l'économie « médiocre » québécoise. Pouvez-vous distinguer le médiocre du bolide ?

Croissance du PIB par habitant aux États-Unis et au Québec de 1989 à 2011

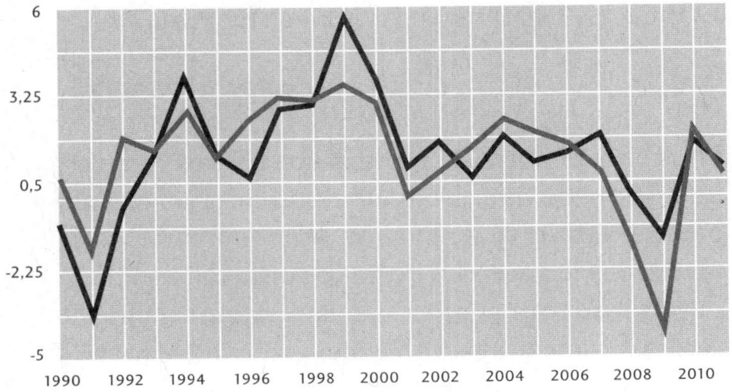

Sources : Fonds monétaire international et Statistique Canada. Estimations pour 2010 et 2011 du FMI et moyenne des estimations de la Banque nationale et Desjardins.

Réponse : le Québec est en noir, les États-Unis en gris. Difficile d'affirmer, au vu de ces courbes, qu'un modèle écrase l'autre. Au total, le Québec dépasse la croissance américaine presque une année sur deux. Pourquoi ne le savez-vous pas ? C'est que, contrairement à la pratique comparative internationale habituelle, qui met en parallèle la croissance par habitant, les porte-voix économiques classiques du Québec ne comparent que la croissance brute, c'est-à-dire sans la ramener au nombre d'habitants.

Le Québec est ainsi une société distincte, qu'on peut qualifier de « médiocre » même si, selon la mesure internationale usuelle, son économie croît davantage depuis dix ans que celle de ses voisins.

Affirmation 2
Les Québécois ont un niveau de vie très faible, en comparaison de leurs voisins.

Faux, archifaux...

Vous, moi et autres gens normaux savons ce qu'est un « niveau de vie ». C'est notre capacité à acheter des biens et des services. Et si on veut comparer notre niveau de vie avec celui de notre voisin, on regarde si ce voisin arrive à se payer la même maison, la même voiture, les mêmes vacances, etc., avec un salaire et un endettement équivalents.

Alors, je vais vous surprendre : les Québécois de la classe moyenne ont un niveau de vie supérieur – pas comparable, supérieur – à celui des Ontariens et des Américains.

Les ténors de la droite, eux, utilisent l'expression « niveau de vie » pour diviser la richesse nationale par le nombre d'habitants. Ils commettent ainsi deux erreurs. D'abord, ils ne tiennent pas compte des différences du coût de la vie entre le Québec et ses voisins. Si le pain coûte plus cher chez le voisin que chez vous, et que vous avez le même salaire, le « niveau de pain » de votre voisin est plus bas que le vôtre.

Ensuite, ils ne tiennent pas compte du fait qu'en Ontario et aux États-Unis la richesse est beaucoup moins bien répartie qu'au Québec, ce qui donne une mauvaise idée de la richesse moyenne. Or, aux États-Unis, 24 % des revenus annuels sont captés par 1 % d'habitants les plus riches. C'est incroyable mais vrai. Au Québec, nos 1 % de plus riches ne captent que 10 % des revenus totaux en un an.

L'économiste Pierre Fortin, un signataire du manifeste des lucides, que je vais citer plusieurs fois dans ces pages, a fait ces ajustements pour comparer réellement les niveaux de vie.

D'abord, comparons avec la province du Canada qui fut historiquement notre rivale et dont l'économie est diversifiée comme la nôtre, et non tributaire des variations du prix du pétrole comme le sont l'Alberta ou Terre-Neuve. Pour avoir une bonne idée du niveau de vie d'une famille moyenne, on utilise le revenu « médian », c'est-à-dire celui qui est exactement au centre de l'échelle des revenus. Cela permet d'éviter les distorsions créées par l'inégalité des revenus plus importante en Ontario qu'au Québec. On ajuste les données aussi pour les différences de prix entre les biens et les services.

Voici les résultats qu'on obtient, en 2007, pour les familles monoparentales (en haut) et les familles biparentales (en bas).

Revenu médian des familles monoparentales et biparentales au Québec, en Ontario et au Canada

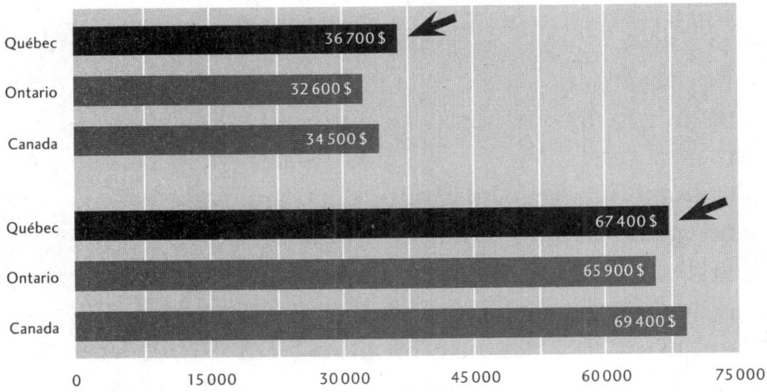

Sources : Statistique Canada et Pierre Fortin.

C'est net, les familles québécoises ont un « niveau de vie » supérieur aux familles ontariennes. Elles peuvent donc s'acheter davantage de biens et de services que leurs voisines. Il est vrai que si le Québec est le « paradis des familles », on entend dire parfois que ce sont les personnes seules qui paient pour ce paradis.

En fait, pas tout à fait. Si on tient compte dans le calcul de toutes les familles économiques, c'est-à-dire également les ménages sans enfants, le niveau de vie en Ontario était, en 2007, de 32 800 $, et de 32 100 $ au Québec – un écart de 700 $, soit de 2,1 % favorable aux Ontariens.

Mais il faut savoir la chose suivante : pour obtenir un revenu 2,1 % plus élevé, les Ontariens travaillent 6 % plus d'heures que les Québécois. Or, ce temps a une valeur. Les Québécois, qui travaillaient davantage d'heures que les Ontariens dans les années 1960, ont progressivement choisi d'utiliser une partie de leurs heures comme une richesse : du temps pour la famille, les amis, les loisirs.

Et si on se compare à la nation la plus riche au monde, les États-Unis ?

Depuis des années, on entend le Conseil du patronat, les ministres libéraux, les économistes et des commentateurs illustrer la médiocrité des Québécois en utilisant un argument canon : « Les Américains ont un niveau de vie d'au moins 21 % plus élevé que les Québécois. » François Legault est allé jusqu'à affirmer que cette différence était de 45 % !

Encore une fois, ils font une erreur qui, répétée comme elle l'est, ressemble à de la désinformation. Les gens normaux comprennent que les « Américains ordinaires » sont plus riches que les « Québécois ordinaires ». Qu'un travailleur de Boston ou de San Diego reçoit un salaire de 21 % à 45 % plus élevé que celui de Trois-Rivières. Ce n'est absolument pas le cas. La « moyenne » de niveau de vie américain est complètement faussée en raison du fait que les richissimes Américains s'accaparent 24 % du revenu annuel du pays.

Alors reprenons la comparaison en excluant les richissimes pour nous rapprocher du niveau de vie de l'Américain moyen.

Dans un premier temps, voici ce qui se produit lorsqu'on compare 90 % des Américains à 90 % des Québécois.

Revenu moyen de 90 % de la population en 2007, en parités de pouvoir d'achat, avec temps de travail

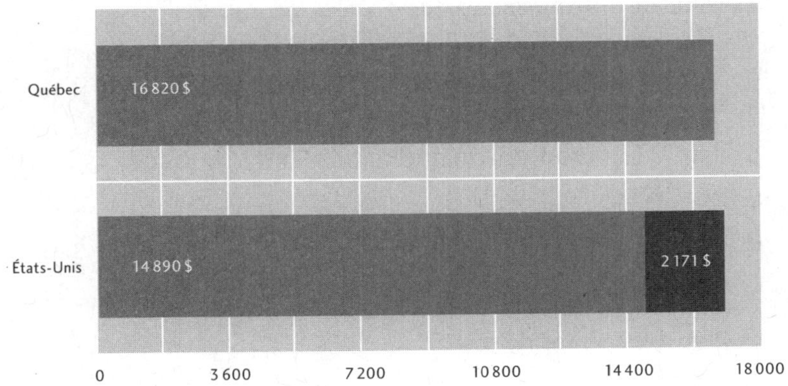

Source : données et calculs de Pierre Fortin (graphique de l'auteur).

Pourquoi le gris clair et le gris foncé ? En gris clair, nous avons calculé le revenu généré par les Québécois et les Américains à temps de travail égal. Pierre Fortin et moi considérons en effet que la décision des Québécois de travailler moins d'heures par an que les Américains (ils bossent 14,6 % plus d'heures) est une richesse, pour l'essentiel choisie. De la qualité de vie.

Alors, c'est net : à temps de travail égal, 90 % des Québécois ont un niveau de vie moyen supérieur de 13 % à celui de 90 % des Américains.

Ce qui signifie que 90 % des Américains doivent travailler 100 heures pour obtenir le revenu que nous obtenons en travaillant 86 heures.

L'autre explication ? Les 10 % d'Américains les plus riches captent 50 % du revenu annuel aux États-Unis, contre 37 % des revenus captés par les 10 % des Québécois les plus riches, ce qui est quand même considérable.

Nous savons que nos amis de droite vont contester notre ajustement pour le temps de travail. Mais même sans lui, le revenu de 90 % des Américains ne dépasserait pas de 5 % celui des Québécois. On est loin des 21 % dont on nous rebat les oreilles !

Un peu plus haut : 95 %

Sachant cela, montons maintenant à 95 % de nos deux populations.

Revenu moyen de 95 % de la population en 2007, en PPA, avec temps de travail

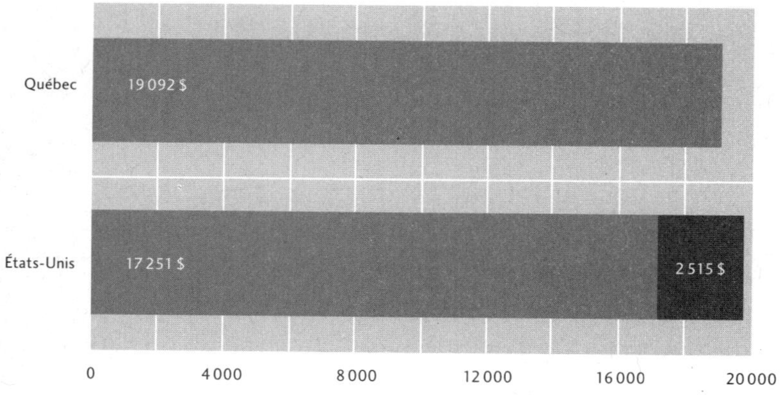

Source : données et calculs de Pierre Fortin (graphique de l'auteur).

Ici, le Québécois empoche, à temps de travail égal, un revenu 11 % plus élevé que son collègue américain. Il faut que ce dernier travaille davantage pour le rattraper, puis le dépasser d'à peine 3,4 %.

Comme pour le graphique précédent, nous avons ici soustrait du revenu moyen la part captée par les 5 % d'Américains les plus riches (39,1 %) et les 5 % de Québécois les plus riches (24,4 %).

Encore plus haut : 99 %

Nous sommes au dernier étage, celui des 99 % de la population. La partie se corse. Mais reprenons le même exercice.

Revenu moyen de 99 % de la population en 2007, en parités de pouvoir d'achat, avec temps de travail

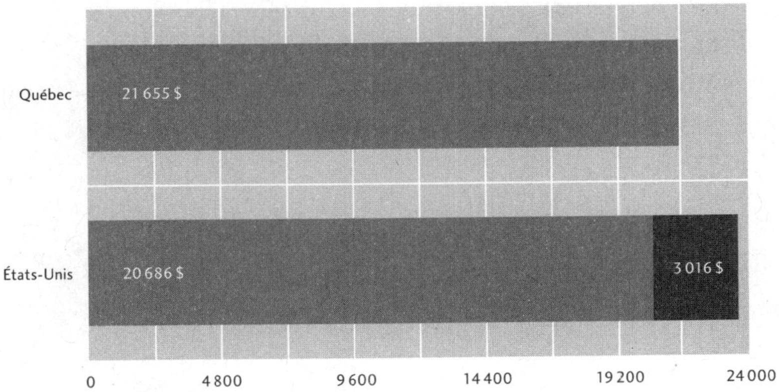

Source : données et calculs de Pierre Fortin (graphique de l'auteur).

On constate encore qu'à travail égal 99 % des Québécois empochent 4,7 % de plus que 99 % des Américains, qui, lorsqu'ils travaillent 14,6 % d'heures en plus dans l'année, rattrapent et dépassent leurs voisins de 8,6 %, mais ont moins d'heures de loisir.

Richesse du pays et richesse de la population

Ces calculs démontrent combien l'inégale répartition des revenus peut faire écran lorsqu'on compare la nation occidentale la plus inégalitaire (les États-Unis) et le Québec, qui l'est nettement moins.

Lorsqu'un chroniqueur économique compare le Québec aux autres capitales en ne visitant que les quartiers chics, cela donne à peu près ceci :

> Le designer pour hommes Armani a ouvert un magasin de trois étages à San Francisco. Ici [à Montréal], il peut tout au plus compter sur des présentoirs de quelques mètres dans de rares magasins de luxe. Cartier, qui avait une petite boutique rue Sherbrooke à Montréal, a dû fermer ses portes et se rabattre sur Toronto.

Tous n'ont certes pas besoin d'une montre griffée pour être heureux, précise l'auteur, Alain Dubuc, dans son *Éloge de la richesse*. Il ajoute :

> Ce luxe éhonté est généralement un indice assez représentatif de la force d'une économie, de la concentration de la puissance et du pouvoir d'attraction d'un centre urbain.

Il a écrit ces lignes avant la crise de 2008 et avant que la concentration scandaleuse de richesse dans les mains des super-riches ne suscite la réprobation générale. La multiplication de boutiques de luxe n'était donc pas le signe d'une économie robuste, d'une richesse bien répartie, mais plutôt le symptôme d'un dysfonctionnement majeur de l'économie financière.

Cela dit, le fait que 1 % des riches américains captent absurdement 24 % de la richesse créée par 100 % des Américains et voient se multiplier autour d'eux des boutiques Armani de trois étages n'épuise pas le débat sur la capacité de production comparée des États-Unis et du Québec. L'économie américaine produit davantage de richesse, par personne, que l'économie québécoise. C'est simplement que l'immense majorité de nos voisins ne profite pas de cette richesse.

Mais ces chiffres, que Pierre Fortin et moi avons introduits dans le débat public en 2011 dans *L'actualité*, ne sont pas qu'un résultat parmi d'autres. Ils disent quelque chose de très important sur le Québec. Notre société réussit à assurer une qualité de vie supérieure à une plus grande proportion de ses habitants que la première puissance mondiale. Elle le fait à partir d'une production brute de richesse moins élevée. Il y a là, il me semble, un exploit.

Bref, avec moins de richesse, le Québec « livre la marchandise » du niveau de vie et de la qualité de vie beaucoup mieux que son puissant voisin. D'autres trouvent ce résultat sans intérêt, obnubilés par l'importance du produit intérieur brut ou la quantité de boutiques de luxe. Le PIB, c'est bien. Mais ça n'élève pas d'enfants. Le but de l'ensemble du jeu politique et économique, il me semble, est le bien-être des citoyens, pas la joie des économistes.

Cela signifie-t-il que le Québec devrait se garder de produire davantage de richesse ? Évidemment non. Il ferait encore mieux s'il produisait encore plus de richesse. Et on discutera plus loin dans cet ouvrage de quelques pistes pour y arriver. Mais cette augmentation de la richesse doit cependant avoir pour objectif le bien-être de la majorité des citoyens. Pas la victoire dans un palmarès de chiffres désincarnés.

Comme l'écrit Pierre Fortin :

> Avec la productivité américaine et la solidarité québécoise, nous serions des demi-dieux, laissant les Scandinaves loin derrière.

Voilà l'objectif que nous devons tenter d'atteindre. La compétence et l'efficacité, toujours davantage, mais une finalité et une seule : la qualité de la vie.

Affirmation 3
Les Québécois ne sont pas travaillants.

Faux, archifaux...

L'affirmation célèbre de Lucien Bouchard, prononcée à l'automne 2010, a fait le tour du Québec. « On ne travaille pas assez, a-t-il dit. On travaille moins que les Ontariens, infiniment moins que les Américains ! Il faut qu'on travaille plus. »

Avait-il tort ? Je viens de dire qu'en effet les Québécois choisissaient de passer davantage de temps avec leurs proches plutôt que de cumuler des heures supplémentaires. Il est également vrai que les Québécois de plus de 55 ans sont moins présents sur le marché du travail que leurs voisins du reste du continent. (Quoique, on va le voir, cela change.)

Mais cela veut-il dire, comme on le lit parfois, que les Québécois jeunes, à la fleur de l'âge, sont réfractaires au travail et plus généralement prompts à bouder le marché du travail ?

Il y a plusieurs mesures différentes pour analyser le marché de l'emploi. Le taux de chômage, la mesure la plus connue, ne nous informe que de la proportion de personnes sans emploi et à la recherche d'un travail. Le taux d'activité, lui, nous donne la proportion de personnes qui ont un emploi et de celles qui en cherchent un. En un mot : les travaillants.

Dans ce graphique, André Grenier, coordonnateur de l'analyse du marché du travail à Emploi-Québec, compare le taux d'activité de la population des 15 à 64 ans en 2009, au Québec et dans les principaux pays industrialisés.

Taux d'activité des personnes de 15 à 64 ans selon le pays en 2009

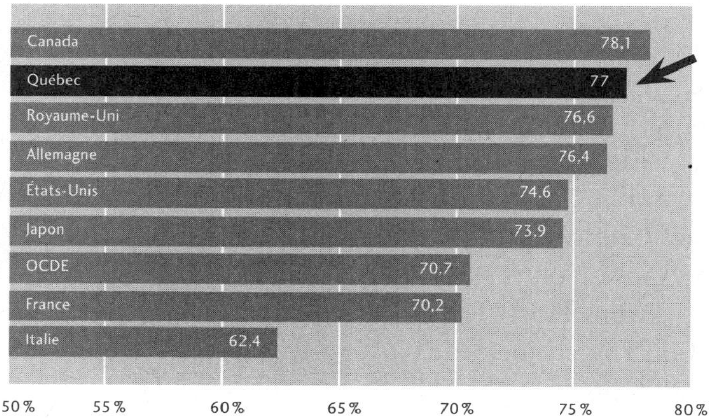

Sources : Organisation de coopération et de développement économiques, *Perspectives de l'emploi de l'OCDE 2010*, Paris, 339 pages, et Statistique Canada, *Enquête sur la population active*. Pour le Royaume-Uni et les États-Unis, personnes de 16 à 64 ans.

Ce graphique terrasse le mythe selon lequel les Québécois en âge de travailler y seraient moins enclins que les autres Occidentaux. Ils le sont même, en fait, davantage que les Américains. C'était aussi vrai en 2008 et en 2007. Donc la crise économique américaine n'est pas seule en cause. Les Québécois sont même plus nombreux au travail que les Allemands et les Japonais, ce qui donne un peu froid dans le dos !

Et les jeunes ?

Nos jeunes décrochent, sont mous, lambins, désintéressés, inintéressants ? Aucun doute qu'ils décrochent, pour raccrocher ensuite, mais les chiffres sont formels : ils sont, aussi, travaillants.

Professeur d'économie au Collège Dawson, Charles-Albert Ramsay a calculé que le taux d'activité des jeunes Québécois – donc la proportion des jeunes qui travaillent ou qui se cherchent un emploi – dépasse désormais celui des jeunes Ontariens.

Depuis cinq ans, les jeunes Québécois sont plus actifs que les jeunes Ontariens

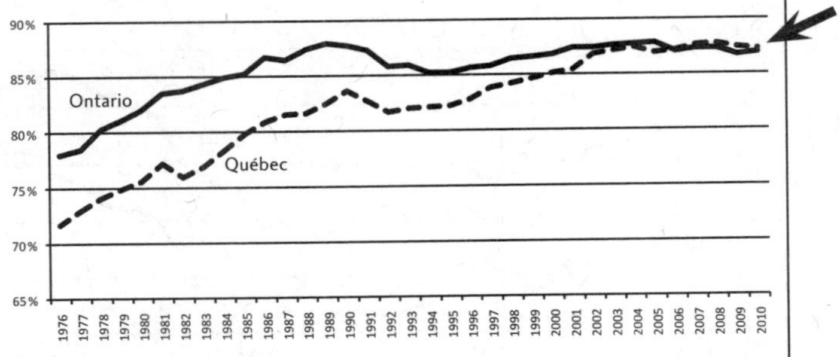

Taux d'activité des Québécois et des Ontariens de 25 à 44 ans

Source : blogue de Charles-Albert Ramsay, *L'Économie selon Albert*, le 22 octobre 2010, mis à jour.

On voit que les jeunes Québécois ont pris leur temps avant de dépasser leurs voisins, mais c'est finalement fait.

Plus précisément, les groupes d'âge des 15-24 ans et des 25-44 ans présentent des taux d'activité plus élevés que ceux de l'Ontario et de la moyenne canadienne. Il n'y a pas de différence significative, selon Ramsay, entre les taux d'activité des 45-54 ans du Québec, de l'Ontario et du Canada.

En 2009, l'écart dont souffrait le Québec a donc complètement disparu, et ce phénomène est le résultat d'une montée structurelle, pas d'un accident conjoncturel.

Cependant, nos préretraités, les 55-64 ans, sont moins vaillants que ceux de l'Ontario. Mais comme l'illustre le graphique qui suit, ils travaillent de plus en plus – avec le même enthousiasme qu'ont les Ontariens pour le retour au boulot. Bref, la tendance est bonne, mais les Ontariens gardent leur avance.

Les jeunes retraités Québécois s'activent, mais toujours un peu moins que les Ontariens

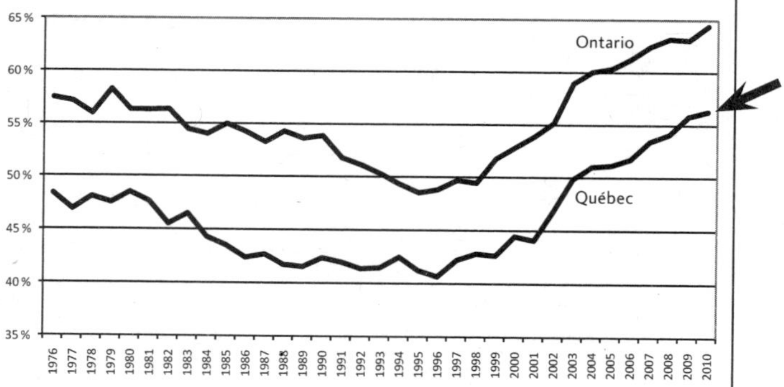

Taux d'activité des Québécois et des Ontariens de 55 à 64 ans

Source : blogue de Charles-Albert Ramsay, *L'Économie selon Albert*, le 22 octobre 2010, mis à jour.

On le voit, le taux d'activité est passé de 41 % à 56 % en treize ans. Puisque l'économie québécoise a « surperformé » par rapport à l'ontarienne (et à l'américaine, et à l'européenne) pendant toute l'année 2010, tout indique que la position québécoise va encore s'améliorer.

Mais on peut penser que la propension des Québécois pour le temps libre se traduira toujours, ici, par un écart qui correspond à un choix de vie. Le but de l'exercice n'est certes pas de se hisser au sommet des palmarès de temps de travail. C'est plutôt de créer suffisamment de richesse pour assurer sa qualité de vie, pendant la vie active et après.

Voilà pourquoi il faut se préoccuper de la productivité.

Affirmation 4
Les Québécois ne sont pas productifs.

Faux, archifaux…

Les chiffres divulgués à l'automne 2010 par Statistique Canada sont formels : pour l'année 2009, le Québec a été, au Canada, le champion de l'augmentation de la productivité. C'est une excellente nouvelle, car cette augmentation est essentielle pour notre bien-être collectif.

Ce gain est d'autant plus intéressant que, dans plusieurs autres provinces, la productivité a régressé. Non pas que les travailleurs aient moins d'ardeur au boulot. La productivité est le produit de la formation et de la compétence des travailleurs, d'une part, et de la qualité de leurs outils de travail (machinerie, organisation du travail, innovations), d'autre part.

Productivité au travail dans le secteur des entreprises selon les provinces et les territoires en 2009

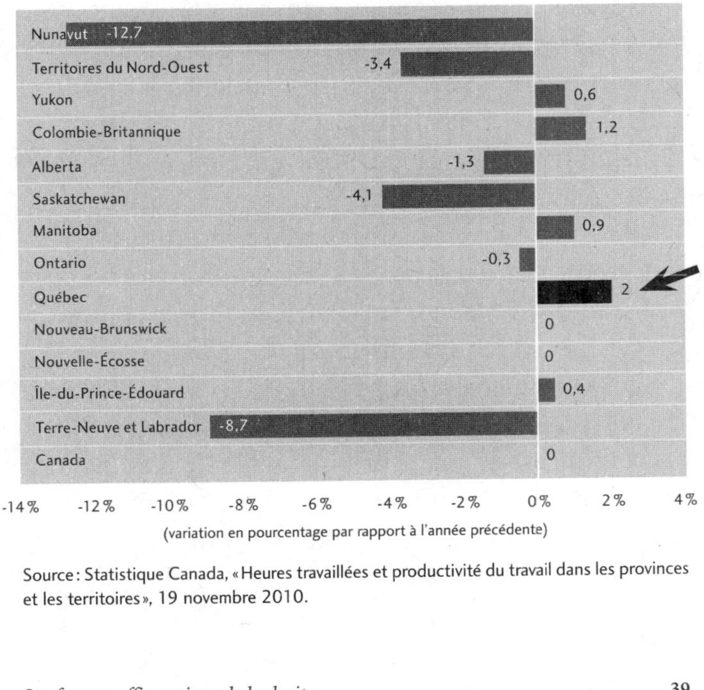

Source : Statistique Canada, « Heures travaillées et productivité du travail dans les provinces et les territoires », 19 novembre 2010.

On calcule ce qu'un travailleur peut produire pendant une heure, puis on mesure l'augmentation ou la diminution de cette capacité.

Le graphique précédent est éloquent.

Le gain de 2009 peut n'être que ponctuel. Cependant, explique l'agence fédérale, il n'est pas attribuable à une performance singulière de l'un ou l'autre des secteurs de l'économie québécoise, mais est largement observé :

> Au Québec, la plupart des industries ont contribué à la croissance de 2,0 % de la productivité. Des hausses importantes ont été constatées dans le commerce de détail, dans le transport et l'entreposage ainsi que dans l'industrie d'information et l'industrie culturelle.

Ce chiffre de 2 % d'augmentation est important car, dans le passé récent, ce taux n'a augmenté que de 1 % par an.

L'augmentation de la productivité par heure travaillée représente notre capacité à créer une richesse plus grande, alors même que nous sommes moins nombreux à travailler par rapport au nombre de retraités, et alors même que nous avons tendance à consacrer plus de temps à nos loisirs, décennie après décennie.

Selon l'excellent rapport *L'Investissement au Québec* (publié en 2008 par trois économistes québécois), compte tenu de nos tendances économiques, pour maintenir notre niveau de vie, il faudrait porter cette croissance à 1,5 % par an. Pour améliorer la richesse du Québec, il faudrait la doubler, à 2 %.

Or, la productivité a augmenté de 1,5 % en 2008, puis de 2 % en 2009. L'important est de maintenir ce rythme.*

Mais qu'est-ce que la productivité ? Ce n'est pas une augmentation des heures travaillées – qui continueront d'être réduites au Québec selon les projections

* Au moment de mettre sous presse, Statistique Canada indique que le taux québécois n'a progressé que de 0,3 % en 2010. Un résultat très décevant.

du rapport –, ni une augmentation des cadences, mais plutôt ceci :

> La capacité des gens de faire plus par heure d'ouvrage repose sur leur motivation, sur leur niveau d'éducation et de formation, sur la quantité et la qualité des outils que l'on met à leur disposition et sur une organisation intelligente du travail qu'ils contribuent eux-mêmes à définir.

La droite québécoise insiste beaucoup sur le fait que les Québécois sont moins productifs que leurs voisins. En ce qui concerne l'Ontario, ce n'est plus vrai. Pierre Fortin, encore lui, a calculé la croissance des taux de productivité dans les deux provinces, en appliquant, comme le font les organisations internationales, la parité de pouvoir d'achat.

Selon ses calculs, en 2009, la valeur de la production par heure travaillée était de 44,79 $ au Québec contre seulement 42,58 $ en Ontario

Les Américains – toutes les données l'indiquent – sont nettement plus productifs : 53,12 $ par heure travaillée.

Mais cet écart est sujet à caution. Henry Mintzberg, spécialiste internationalement reconnu de *management* et professeur à McGill, croit que la dernière chose que le Québec doit faire pour s'enrichir est de… tenter de rattraper les Américains.

« Le Québec n'a pas encore sombré dans la folie qui est en train de tuer les États-Unis », a-t-il confié en 2007 à la journaliste Jacinthe Tremblay, qui rend compte de ses propos dans un petit livre publié en 2010 : *Entretiens avec Henry Mintzberg – Comment la productivité a tué l'entreprise américaine*.

> Depuis 2001, la majorité des P-DG des entreprises américaines poursuivent deux objectifs : maximiser le rendement de l'avoir des actionnaires et encaisser au passage

des millions de dollars en options sur les actions. Pour y parvenir, ils ont licencié des milliers de travailleurs, accru les pressions sur les cadres intermédiaires, affaibli sinon cassé les syndicats, en plus de réduire la qualité des produits et du service à la clientèle. On détruit les entreprises mais on est incroyablement productifs !

Mintzberg estime au contraire que « le Québec possède l'une des économies les plus saines en Amérique du Nord, notamment parce qu'il a su préserver l'équilibre entre les secteurs public, privé et communautaire ».

Il n'est évidemment pas aveugle en ce qui concerne les défis du Québec, mais estime que « la pire réponse à ces défis serait de copier nos voisins du Sud pour demeurer compétitifs et plus productifs. La meilleure compétition consiste à ne pas entrer en compétition, mais plutôt à miser sur ce qui nous distingue, sur nos forces ».

Affirmation 5
Le Québec est le champion américain de la pauvreté.

Faux, archifaux…

Le problème avec les bonnes mesures comparatives sur la pauvreté est qu'elles sont toujours en retard sur la conjoncture. Je dis les « bonnes mesures », car il faut, pour bien mesurer la « richesse » des pauvres, prendre en compte le coût réel du panier de consommation, très variable d'une province à l'autre et nettement plus faible au Québec qu'en Ontario. Encore une fois, il ne faut pas se fier aux moyennes coupées de la réalité et des prix réels – ce que fait malheureusement Statistique Canada.

Et puisque la situation économique du Québec a été meilleure que celle de ses voisins nord-américains et que celle de ses cousins européens depuis la crise de 2008 (et avant, en croissance *per capita*), les derniers tableaux disponibles minimisent la performance québécoise.

Quoi qu'il en soit, voici les compilations présentées en juin 2010 dans le rapport gouvernemental *Le Québec mobilisé contre la pauvreté*. Le taux qu'on présente ici compare, non pas des moyennes statistiques, mais la capacité qu'ont les personnes au Québec ou ailleurs d'acheter un même panier de consommation. Le coût de ce panier varie d'un endroit à l'autre – plus cher à Toronto qu'à Montréal, par exemple. Si on veut savoir qui est pauvre, il faut savoir qu'il peut acheter quoi. Voyons d'abord ce qu'il en est pour le Québec et le Canada.

Taux de faible revenu des habitants d'après la mesure du panier de consommation (MPC) pour les provinces canadiennes en 2007

	Proportion	Rang
Alberta	7,4 %	1
Québec	8,5 %	2
Manitoba	8,7 %	3
Île-du Prince-Édouard	10,3 %	4
Ontario	10,3 %	5
Saskatchewan	11,3 %	6
Terre-Neuve-et-Labrador	12,3 %	7
Nouvelle-Écosse	13,3 %	8
Nouveau-Brunswick	13,3 %	9
Colombie-Britannique	13,4 %	10
Canada	10,1 %	

Source : Ressources humaines et Développement des compétences Canada, *Le faible revenu au Canada de 2000 à 2007 selon la mesure du panier de consommation*, août 2009.

Le Québec est donc, non pas le dernier de classe, mais au second rang, après l'Alberta et avant l'Ontario. Imaginez si on avait du pétrole ! (Correction : on vient d'en trouver, dans le Saint-Laurent !)

Et encore, ce n'est que la photographie de la situation actuelle. Les progrès québécois sont encore plus nets lorsqu'on regarde le film, c'est-à-dire la progression dans le temps, comme nous le montre ici notre ami Pierre Fortin, qui compare les taux de pauvreté des Québécois et des Canadiens qui ne disposent que de la moitié du revenu médian de leurs concitoyens.

Niveau de pauvreté relative : pourcentage de la population totale dont le revenu est de moins de 50 % du revenu disponible des ménages, au Canada et au Québec, entre 1987 et 2006

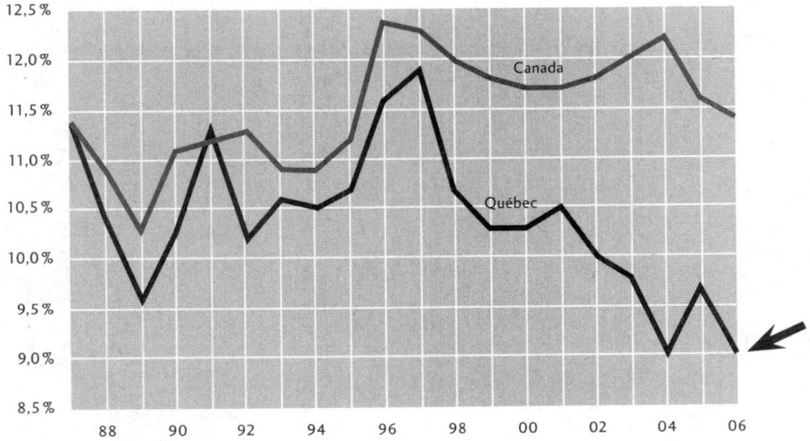

Source : Pierre Fortin, « Quebec Society is Less Unequal », *Inroads*, 2009.

On voit ici comment, depuis 1987, le taux de pauvreté au Québec chute, surtout depuis le milieu des années 1990, alors qu'il est resté à un niveau élevé pour ce qui est de la moyenne canadienne.

Comparons maintenant la pauvreté au Québec et dans d'autres nations grâce à un tableau tiré du rapport *Le Québec mobilisé contre la pauvreté*.

On constate donc que, comparé aux pays les plus industrialisés, le Québec n'est dépassé que par le Luxembourg, les pays scandinaves, la Suisse et l'Autriche. Il est donc en excellente compagnie et dépasse des sociétés sociales-démocrates comme l'Allemagne et la France, ainsi que les champions du libéralisme que sont le Royaume-Uni et les États-Unis.

Il y a plusieurs façons de se mesurer aux autres. Certains estiment que l'Ontario ou les États-Unis

Proportion de faible revenu des habitants selon les pays de l'OCDE associés à la LIS (50 % de la médiane des revenus après les impôts du Québec et seuil de la MPC de Montréal, le tout transformé à l'aide des parités de pouvoir d'achat (PPA))

	Seuil : 50 % de la médiane des revenus après les impôts du Québec	Rang	Seuil : MPC du Montréal	Rang
Luxembourg (2004)	1,1	1	1,2	1
Norvège (2004)	3,6	3	3,9	2
Danemark (2004)	3,5	2	3,9	3
Suisse (2004)	3,8	4	4,1	4
Autriche (2000)	5,1	5	7,5	5
Suède (2005)	7,6	7	8,3	6
Finlande (2004)	8	9	8,7	7
Québec (2004)	8,5	10	8,9	8
Belgique (2000)	6,6	6	9,5	9
Allemagne (2000)	7,6	8	10,0	10
Canada (2004)	9,7	11	10,1	11
Royaume-Uni (2004)	9,9	12	10,7	12
États-Unis (2004)	11,3	14	11,7	13
France (2000)	10,8	13	14,8	14
Irlande (2000)	16,8	15	20,9	15
Australie (2003)	20,2	16	21,1	16
Espagne (2000)	21,2	17	25,5	17
Italie (2004)	28,3	18	29,6	18

Sources : *Luxembourg Income Study* et *Enquête sur la dynamique du travail et du revenu* pour le Québec et le Canada.

nous sont nettement supérieurs, car ils sont beaucoup plus de riches que nous. Je suis de ceux qui croient qu'il est plus significatif d'avoir beaucoup moins de pauvres qu'eux.

Affirmation 6
Le Québec est un « enfer fiscal ».

Faux, archifaux...

Il est des démonstrations qui sont tellement contraires aux idées reçues que leur simple formulation vous donne des airs d'illuminé. Comme s'il déclarait avoir rencontré des petits hommes verts, le fiscaliste Luc Godbout, de l'Université de Sherbrooke, s'obstine à déboulonner les mythes courants sur « l'enfer fiscal » québécois.

Dans un rapport publié en 2009, il affirme que le fardeau fiscal est, pour l'immense majorité des Québécois, inférieur à tous ceux du G7, donc inférieur à celui du Canada et – cramponnez-vous – à celui des États-Unis, pourtant la Mecque de l'État qui taxe peu !

Comment Godbout et ses collègues Suzie St-Cerny et Chantal Amiot arrivent-ils à ces résultats abracadabrants ? Évidemment, Godbout sait que les impôts sur le revenu payés au Québec sont plus élevés qu'ailleurs en Amérique du Nord. Mais, appliquant la méthode de comparaison en usage à l'OCDE (l'Organisation de coopération et de développement économique, l'agence de recherche des pays riches), il calcule aussi l'argent retourné aux contribuables en prestations directes. Si l'État vous prend 2 dollars et vous en remet 1, votre charge fiscale est de 1, pas de 2.

C'est le genre de calcul que la droite déteste. Dans les classements où le Québec et les autres nations sociales-démocrates sont toujours en fin de peloton, la droite calcule toujours ce que l'État prend, mais pas ce que l'État redistribue.

C'est un peu comme si on vous disait que l'eau de votre baignoire est glaciale, en oubliant toujours que vous avez un robinet d'eau chaude !

Or, Godbout et ses collègues ont additionné, d'une part, taxes, impôts, cotisations à l'assurance-emploi, au Régime des rentes et au Régime québécois d'assurance parentale, puis ont soustrait, d'autre part, prestation fiscale canadienne pour enfants, soutien aux enfants, prime au travail, crédits pour la TPS et la TVQ pour les moins fortunés.

Voici ce que donnent les calculs de la charge fiscale réelle, en pourcentage du revenu, pour un couple avec deux enfants, dont un seul conjoint travaille, et gagnant le revenu moyen (40 000 $ par an) en 2008.

Charge fiscale nette d'un couple avec deux enfants gagnant 100 % du salaire moyen, Québec et pays du G7, 2008

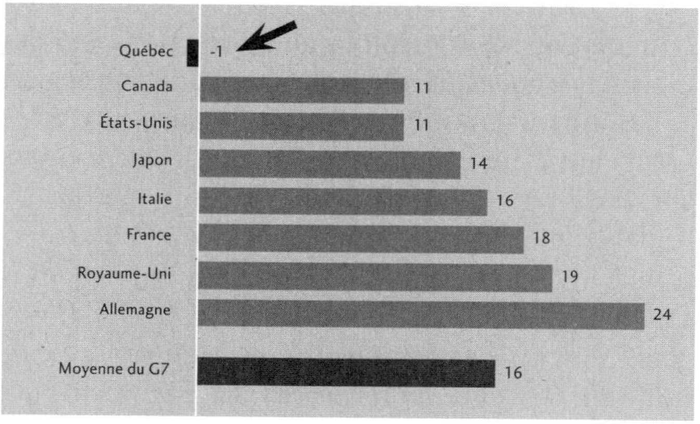

Source : Luc Godbout et coll., « Année d'imposition 2008 : une charge fiscale nette plus faible et des impôts sur le revenu plus élevés qu'ailleurs, est-ce possible ? », Chaire de recherche en fiscalité et en finances publiques de l'Université de Sherbrooke, juin 2010.

C'est donc dire que la famille québécoise moyenne est la seule du G7 qui reçoit de l'État (Canada et Québec combinés) davantage qu'elle ne lui donne. Voici le résultat du calcul pour une famille plus riche, qui gagne 167 % du revenu moyen (environ 66 000 $ par an).

Charge fiscale nette d'un couple avec deux enfants gagnant 167 % du salaire moyen, Québec et pays du G7, 2008

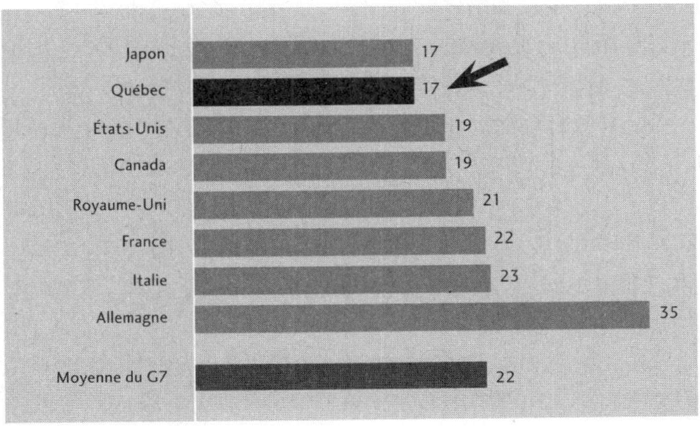

Source : ibid.

Je vous entends encore rétorquer : « Ce n'est pas juste, le Québec est le paradis des familles ! Mais qu'en est-il de ses pauvres célibataires ? » Godbout ne les a pas oubliés. Ceux à revenu faible sont mieux traités au Québec que partout ailleurs dans le G7, États-Unis compris. La charge fiscale des célibataires à revenu moyen est de 26 % au Québec, alors qu'aux États-Unis elle est de 25 % et au Canada, de 23 %. Les personnes seules à revenu supérieur ont une charge fiscale de 31 %, soit un maigre 0,7 % de plus que les Américains et 4 % de plus que le Canada, mais toujours sous la moyenne du G7.

Godbout ne calcule cependant pas les services rendus gratuitement ou à faible coût aux citoyens (garderies à 7 $, droits de scolarité peu élevés, tarifs d'électricité réduits...) grâce aux impôts. Ce serait trop. On le prendrait vraiment, alors, pour un fou furieux !

Il y a une autre façon de faire ce calcul.

La firme réputée Runzheimer Canada a réalisé en 2005 pour la CSN une intéressante étude comparative.

Quel revenu devrait obtenir un Montréalais gagnant 50 000, 75 000 ou 100 000 $ et déménageant à Boston en 2003 pour acheter le même panier de biens et services qu'à Montréal, en tenant compte du fait qu'il paiera moins d'impôts aux États-Unis ?

Réponse : son salaire devrait augmenter de plus de 50 %. Il n'y gagnerait rien, sauf le plaisir de vivre à Boston. Avec deux enfants, il faudrait une augmentation salariale de 60 à 100 % pour maintenir son niveau de vie. Et s'il gagnait moins de 30 000 $, l'augmentation devrait être de 100 à 185 %.

La raison de ce gouffre : le coût de la vie (logement, énergie…) nettement plus important à Boston qu'à Montréal ; la perte du filet social québécois dès qu'on traverse la frontière américaine. J'ignore pourquoi la CSN a choisi Boston, l'une des villes les plus démocrates des États-Unis pour ce calcul. En choisissant Austin, au Texas, la démonstration de l'hécatombe financière subie aurait été plus nette encore.

Affirmation 7
Le haut taux de syndicalisme québécois est un boulet.

Faux, archifaux...

De toute évidence, la première réaction à cette affirmation se trouve dans ce graphique, que nous avons déjà vu.

Croissance du PIB par habitant aux États-Unis et au Québec de 1989 à 2011

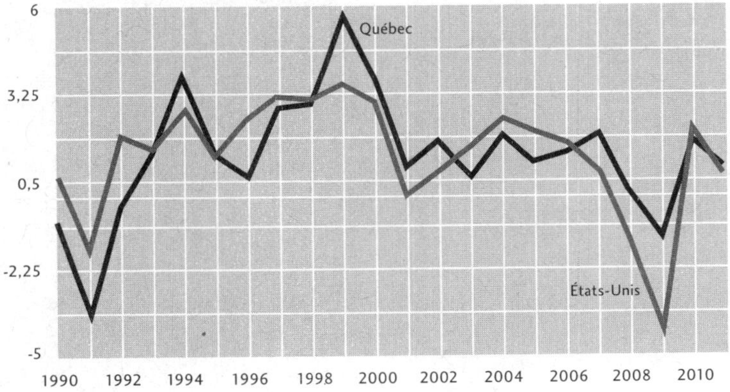

Sources : Fonds monétaire international et Statistique Canada. Estimations pour 2010 et 2011 du FMI et moyenne des estimations de la Banque nationale et Desjardins.

Sur vingt ans, la croissance de l'économie québécoise – avec un taux de syndicalisation de 39,3 % – est plus forte que celle de l'économie américaine, dont le taux de syndicalisation n'est que de 12 %.

Si la syndicalisation était un tel frein à la croissance – et l'absence de syndicalisation un tel stimulant –, cela devrait se constater, globalement, quelque part dans ces courbes.

Mais il y a bien une chose qu'un taux élevé de syndicalisation fait baisser : le vol systématique des fruits du labeur des salariés.

Le tableau qui suit est fondé sur deux études menées depuis 2005 : l'une dans trois grandes villes américaines réalisée par un groupe d'universitaires, l'autre au Québec par la Commission des normes du travail.

Taux de non-respect des droits des travailleurs non syndiqués

Au cours du dernier mois, pourcentage de salariés affirmant :	Québec	États-Unis
avoir été payés moins que le salaire minimum	2 %	26 %
avoir travaillé certaines heures non rémunérées	37 %	70 %
avoir eu des heures supplémentaires payées en salaire de base	31 %	76 %
avoir dû travailler pendant les pauses repas	29 %	58 %
PERTE SALARIALE	13 M $ par mois pour le seul temps supplémentaire impayé	15 % de rémunération en moins au total

Quelques précisions tirées de ces deux études,

Salaire minimum. Aux États-Unis, les 26 % des salariés affirmant avoir reçu moins que le salaire minimum disent que la baisse était de 1 $ par heure dans la plupart des cas (sur un salaire minimum alors de 5,15 $). Un vol de près de 20 % de ce qui leur était légalement dû.

Temps supplémentaire. Aux États-Unis, où le temps supplémentaire est, dans le tiers des cas, effectué contre le gré du salarié, le temps payé sans majoration équivaut à une moyenne de 11 heures par semaine.

Vacances. Pour les travailleurs permanents, au Québec, des patrons empêchent 13 % des salariés de prendre la totalité de leurs vacances. De cette proportion, la moitié ne peut prendre un seul jour ! Parmi ceux qui ont eu des vacances, 6 % n'ont pas reçu d'indemnités de congés du tout. Cela fait 52 000 Québécois. Aux États-Unis ? Impossible de le dire, la loi ne prévoit pas de durée minimum de congés.

Le coût du non-syndicalisme ?

Cela commence à faire des sous en moins dans les poches des salariés, et en plus dans celles des patrons. Combien ? La Commission des normes du travail a fait le calcul. Pour le seul temps supplémentaire en moins : 13 millions de dollars. Par mois !

Dans les grandes villes américaines, la perte par travailleur est évaluée à 2 600 $ pour un salaire annuel de 17 500 $. « Cela, estiment les chercheurs, équivaut à un vol salarial de 15 % du revenu. »

Évidemment, là-bas comme ici, les victimes habituelles sont particulièrement visées : femmes, immigrants, jeunes, travailleurs atypiques. Mais on trouve des salariés brimés dans toutes les catégories, de toutes les couleurs et de tous les niveaux d'éducation. L'absence de respect pour les salariés est, en un sens, non discriminatoire. On est crapule envers tous.

Que conclure de ces chiffres affligeants ? Que les patrons québécois sont moins fautifs que les patrons américains ? Certes.

Pourquoi ? Donnons-leur le bénéfice du doute en les croyant plus honnêtes et plus respectueux de leurs salariés. Admettons que le taux de roulement nettement moins important du personnel leur donne moins d'occasions de truander que leurs voisins du Sud. Ajoutons que le taux d'immigrants illégaux qu'on peut traiter comme des sous-personnes est moins élevé au Québec, donc que la tentation est moins forte.

Il y a cependant une donnée forte, incontournable, qui aiguillonne le comportement patronal.

Au Québec, 39 % des salariés sont syndiqués. Aux États-Unis, 12 %.

Mécaniquement, une plus grande partie des salariés québécois est protégée par leur syndicat contre les pratiques illégales. Puis il y a le « rayonnement ». Une recherche américaine de l'Economic Policy Institute indique que, lorsqu'une filière industrielle ou commerciale est syndiquée à environ 40 %, le reste des patrons améliorent les conditions de travail de leurs salariés, dans l'espoir qu'ils ne se syndiquent pas. Parfois, comme naguère dans le cas des brasseries de Montréal, l'usine non syndiquée applique à la lettre la convention de l'usine syndiquée.

Résumons-nous.

Chaque mois qui passe, au Québec, des patrons volent à leurs travailleurs l'équivalent de 13 millions de dollars en refusant de majorer leurs heures supplémentaires. Un hold-up quotidien, hebdomadaire, mensuel. Des milliers de *bullies*, des milliers de victimes. Et pas une seule première page dans le *Journal de Montréal*, pourtant friand de crimes, pas une étude de l'Institut économique de Montréal, aucune dénonciation du Conseil du patronat.

Chaque année, aux États-Unis, des patrons imposent une réduction illégale moyenne de 15 % au salaire déjà misérable auxquels leurs salariés auraient droit. Et on voudrait nous dire qu'on trouve là le genre de liberté qu'il faut importer au Québec ?

Affirmation 8
Le Québec impose un fardeau trop lourd à ses entreprises.

Faux, archifaux…

Il est difficile au citoyen ordinaire de s'y retrouver. Le patronat affirme être étranglé, au Québec, par les impôts. À gauche, on tonne au contraire contre les échappatoires nombreuses dont usent les compagnies.

Les rapports commandés par l'État québécois lui-même sont contradictoires – ou, du moins, changent d'unité de mesure selon qu'il souhaite noircir ou éclairer le tableau.

Mais quel est le critère essentiel pour susciter, chez les entreprises, une création de richesse ? Ce n'est pas le taux d'imposition brut mais le TEMI : le taux effectif marginal sur l'investissement.

Comparaison des taux effectifs marginaux sur l'investissement (TEMI[1]) en 2012 (en pourcentage)

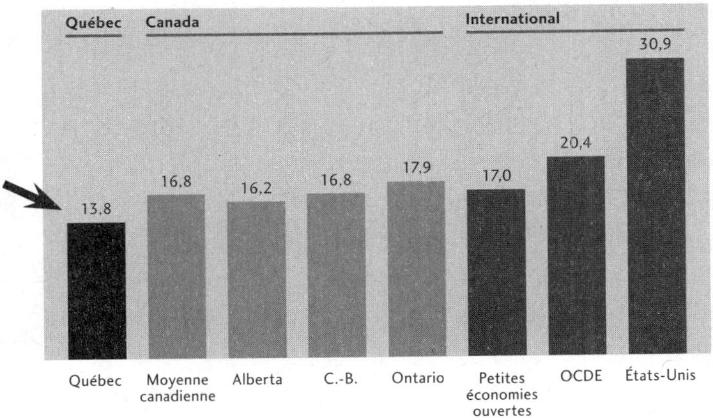

1. TEMI selon la fiscalité en vigueur le 15 mai 2011.

Source : Ministère des finances du Québec.

C'est la mesure qui rend compte de l'effet d'ensemble des charges et règles fiscales sur le rendement du capital investi. Elle tient notamment compte de la taxe sur le capital, de la taxe de vente, de l'impôt sur le revenu des sociétés, des règles et des taux d'amortissement.

Le Québec a sévèrement sabré dans son TEMI, le faisant passer de 34 % en 1998 à 13,8 % en 2012. Voyons ce que font nos concurrents.

Bref, la fiscalité des entreprises à son point le plus important – la compétition pour susciter de nouveaux investissements – place le Québec parmi les moins gourmands.

Il existe aussi un rapport, publié chaque année, qui fait grincer des dents le patronat et la droite québécoise. C'est qu'il n'est rédigé ni par l'Alliance sociale, ni par Québec solidaire, mais par une firme qui est presque synonyme de capitalisme : KPMG, le réputé cabinet de consultants d'entreprises. Dans le tableau qui suit, l'indice 100 représente les coûts de production moyens des États-Unis. Si on veut être compétitifs, on doit obtenir un indice inférieur. Voyez où se trouve Montréal.

L'indice couvre 17 types d'entreprises et combine 26 variables, y compris la main-d'œuvre, la fiscalité, les services publics, les transports, enfin tout ce qui entre dans le prix du produit, par exemple les coûts liés aux lois du travail.

À entendre la droite québécoise, Montréal devrait être à la queue de ce palmarès. Mais au contraire, il est toujours dans le peloton de tête. En 2010 : médaille de bronze !

Puisque le chiffre 100 représente la moyenne des coûts aux États-Unis, Montréal obtient donc, avec 94, un avantage compétitif de 6 % par rapport aux États-Unis et bat Vancouver et Toronto.

Coûts d'exploitation des entreprises : résultats des grandes villes du monde (indice des États-Unis : 100)

Rang	Ville	Pays	Indice
1	Monterrey	MX	81,5
2	Mexico	MX	82,1
3	Montréal	CA	94,2
4	Manchester	RU	94,7
5	Vancouver	CA	94,9
6	Toronto	CA	95,8
7	Tampa	ÉU	96
8	Atlanta	ÉU	96,3
9	La Haye	PB	96,4
10	Lyon	FR	96,4
11	Melbourne	AU	96,7
12	Amsterdam	PB	96,7
13	Miami	ÉU	97
14	Baltimore	ÉU	97,1
15	Dallas-Fort Worth	ÉU	97,7
16	St. Louis	ÉU	97,8
17	Huston	ÉU	97,9
18	Phoenix	ÉU	98,1
19	Philadelphie	ÉU	98,3
20	Détroit	ÉU	98,5
21	Chicago	ÉU	98,8
22	Sydney	AU	98,9
23	Portland	ÉU	98,9
24	Minneapolis	ÉU	99
25	North Virginia (D.C. métro)	ÉU	99
26	Milan	IT	99
27	Riverside-San Bernardino	ÉU	99,5
28	Denver	ÉU	99,6
29	Seattle	ÉU	100,1
30	Paris	FR	100,1
31	Boston	ÉU	100,8

Source : *Choix concurrentiels 2010*, KPMG.

Si on souhaite plutôt comparer la moyenne générale du Québec avec celle de ses concurrents, on peut se référer à cet autre tableau.

Coûts d'implantation et d'exploitation des entreprises[1]
(indice des États-Unis : 100)

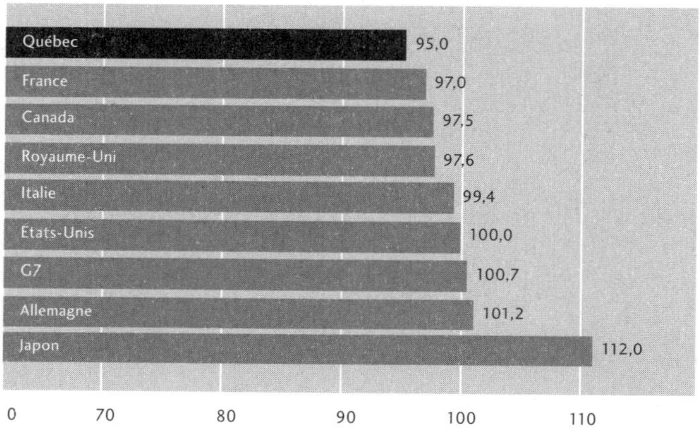

1. Moyenne de douze secteurs d'activité.

Sources : *Choix concurrentiels 2010*, KPMG et ministère des Finances du Québec.

Une image assez parlante, à présenter au prochain lobbyiste patronal qui affirmera être étranglé par l'enfer fiscal québécois !

Affirmation 9
Malgré les impôts élevés qu'ils paient, les Québécois n'en ont pas pour leur argent.

Faux, archifaux…

Que l'État soit plus présent dans la vie économique et sociale au Québec que partout ailleurs en Amérique du Nord est une évidence. Globalement, il y a davantage d'impôts perçus, davantage de services rendus et davantage de prestations distribuées.

Mais les Québécois en ont-ils pour leur argent ? En 2009, le ministère des Finances du Québec a demandé à quatre économistes indépendants, deux de droite, Robert Gagné et Claude Montmarquette, et deux du centre, Pierre Fortin et Luc Godbout, de comparer attentivement le Québec et la province qui lui ressemble le plus, l'Ontario.

Parmi toutes les données présentes dans ce rapport, intitulé *Le Québec face à ses défis*, un élément a été presque passé sous silence. Il est pourtant capital. Le rapport démontre que les Québécois se sont donné beaucoup plus de services que leurs voisins ontariens, à un coût plus que raisonnable. Voyons les chiffres.

Les économistes ont calculé que les Québécois reçoivent chaque année pour 17,5 milliards de services de plus que les Ontariens, soit 26 % de plus, ce qui est énorme. Toute l'activité sociale et économique du Québec profite de ces dépenses. Dans l'ordre : familles et services sociaux (5,5 milliards, garderies et hébergement d'aînés), transports (4 milliards, réseaux routiers et infrastructures), industries (1,8 milliard, crédits d'impôt, régions), santé (1,5 milliard, assurance-médicaments) et éducation (1,5 milliard, droits de scolarité). Les économistes n'ont trouvé que 162 pauvres millions de dollars offerts par le gouvernement ontarien à leurs citoyens pour des services non disponibles au Québec (mais ils ne donnent pas de détails).

Donc, nous avons 26 % de services de plus que nos voisins, ce qui correspond à 17,5 milliards. Combien cela nous coûte-t-il ? 17,5 milliards de plus ? Ce serait équitable. Pas du tout. Selon le rapport, notre facture fiscale est, en termes de PIB, supérieure de 2,6 % à celle de l'Ontario soit environ 7 milliards. Bref, pour un investissement de 7 milliards, nous recevons des services équivalents à 17,5 milliards. Un rendement de 250 % !

Concernant l'impôt des particuliers, l'écart n'est que de 1 point de pourcentage : 14,1 % du PIB au Québec, contre 13,1 % en Ontario. Cela n'a pas frappé les plumes de droite, mais lorsqu'on accepte de payer davantage pour avoir davantage de services, le rapport qualité/prix, ou du moins le rapport quantité/prix, est remarquable.

Un tableau fort instructif démontre que le gouvernement Bouchard (transparence totale : j'étais son conseiller) avait fait augmenter l'écart entre le Québec et l'Ontario en termes de services à la population de 7,5 milliards (à son arrivée) à 9,5 milliards (à son départ). Mais le gouvernement Charest l'a, depuis, propulsé de 9,5 à 17,5 milliards. Je ne dis pas qu'il a eu tort, mais je constate que s'il en est aujourd'hui marri, il ne peut pointer le doigt que vers lui-même.

À quoi ces services servent-ils, concrètement ? L'ex-présidente de la CSN, Claudette Carbonneau, en donne une bonne et partielle illustration dans une tribune publiée en décembre 2009 dans *Le Devoir*. La plupart de ses exemples, mais pas tous, sont spécifiques au Québec :

> Chaque année, 113 449 personnes profitent de l'assurance parentale, 535 000 ménages touchent la prime au travail accordée aux gagne-petit, 1,8 [milliard] de

dollars servent à diminuer les coûts des services de garde, 139 000 étudiants inscrits aux études supérieures reçoivent de l'aide de l'État, plus de 5 millions de jours d'hospitalisation sont offerts gratuitement, 1 550 000 personnes touchent un chèque de la Régie des rentes du Québec – et c'est souvent une bonne part de leur revenu de retraite – plus de 287 000 personnes fréquentent l'éducation des adultes, 2,7 milliards de dollars sont consacrés par Emploi-Québec à la formation de la main-d'œuvre afin de préserver l'employabilité et les emplois.

Enfin, plus de 200 villages ont eu besoin de l'aide du gouvernement du Québec, parce que frappés de plein fouet par la crise forestière. Il s'agit de quelques exemples seulement illustrant l'importance de la capacité d'agir de l'État.

Résumons-nous.

Selon les économistes indépendants embauchés par le ministère des Finances du Québec :

– les Québécois paient 7 milliards de plus à l'État que les Ontariens ;

– les Québécois reçoivent 17,5 milliards de plus en services de l'État que les Ontariens ;

– le rendement est de 250 %.

N'importe quelle entreprise privée serait absolument ravie d'obtenir un tel rendement. Il ne serait nullement question de démanteler un outil aussi performant. C'est sans doute pourquoi, à droite, personne n'a relevé cette conclusion du rapport des économistes. Il est simplement dommage que le gouvernement, lui, soit trop préoccupé par son agenda de « ratatinage » progressif de l'État pour s'enorgueillir lui-même de ces étonnants résultats. Cela changera peut-être un jour…

Affirmation 10
Le Québec est infesté de fonctionnaires.

Faux, archifaux…

J'ai entendu des commentateurs de droite rêver tout haut, à la radio. Il faudrait, disait l'un d'eux, entrer dans le complexe G (l'immeuble de la fonction publique à Québec) et dire aux fonctionnaires de faire leurs boîtes et de s'en aller !

C'est presque une rage. Mettre les fonctionnaires à la porte. Les virer, les expulser, les faire disparaître. Au cours des années, la droite nous a convaincus que le Québec était infesté de fonctionnaires. Pas de médecins ou d'infirmières, pas d'enseignants, mais de fonctionnaires, de bureaucrates, de ronds-de-cuir improductifs.

On a vu plus haut qu'avec ce qu'on paie en impôts, notre État, donc nos fonctionnaires, réussit à nous donner un rendement de 250 % par rapport à ce qu'offre l'État ontarien. Mais est-ce grâce à la qualité des fonctionnaires ou à leur quantité ?

Le calcul est pourtant bien simple. Il suffit d'utiliser les données comparées publiées par Statistique Canada sur les administrations provinciales.

Et puisque l'Ontario, par exemple, fait exécuter par les villes une partie des fonctions effectuées chez nous par les fonctionnaires de Québec (notamment la gestion de l'aide sociale), il faut, pour comparer correctement, additionner les employés de la fonction publique provinciale et ceux de la fonction publique municipale. Avec tout le mal qu'on dit des administrations municipales, cela ne pourrait que charger la barque québécoise, non ? Or, voici le comparatif, pour 1 000 habitants, pour 2010.

Fonctionnaires provinciaux et municipaux, en 2010
Québec : 25 pour 1 000 habitants
Ontario : 28 pour 1 000 habitants
Moyenne canadienne : 28 pour 1 000 habitants

Qui aurait cru qu'il y avait, proportionnellement moins de fonctionnaires au Québec qu'en Ontario ? Cela est d'autant plus remarquable que les fonctionnaires québécois abattent davantage de boulot que leurs voisins. Ils ont davantage de tâches. Entre autres choses, le Québec gère la TPS et la formation de la main-d'œuvre – deux tâches pour lesquelles il y a eu des transferts de fonctionnaires d'Ottawa vers Québec. Il faut ajouter aussi la sélection de l'immigration. Puis il y a, évidemment, les services que les Québécois ont décidé de se donner et dont les Ontariens ne bénéficient pas : l'assurance automobile et l'assurance-médicaments, l'équité salariale et le programme des garderies subventionnées, pour ne nommer que les services les plus importants. Il faut bien que quelqu'un s'en occupe.

Une fois tout pris en compte, on voit bien que l'écart vu précédemment est encore plus significatif. Le Québec fait plus avec moins de salariés.

Bien sûr, je suis de ceux qui croient que l'administration de la santé et de l'éducation mérite une grande réorganisation pour donner davantage d'autonomie et d'initiative aux institutions locales. Mais j'espère que cela se traduira par une augmentation des ressources – principalement humaines – dans les écoles et les hôpitaux, pas par une réduction du nombre de gens qui travaillent pour les citoyens québécois.

Affirmation 11
Le Québec est l'endroit où l'on trouve le plus de gens qui ne paient pas d'impôts.

Faux, archifaux...

Je vais vous donner un chiffre. Retenez-le bien : 46 %.

C'est la proportion d'Américains qui ne paient pas d'impôts, selon un récent rapport du Tax Policy Center de Washington. Pourquoi cette statistique est-elle intéressante ? Parce qu'un des arguments le plus souvent entendus pour souligner le dysfonctionnement du Québec est le fait que 42 % des Québécois ne paient pas d'impôts.

Cette statistique est utilisée comme si elle singularisait le Québec en Amérique du Nord, en faisant un lieu où pullulent les assistés et ceux qui ne contribuent pas à la société. Or, on le voit, c'est une proportion normale, proche de ce qu'on observe aussi au Canada.

Qui sont les non-payeurs ?

Aux États-Unis, de qui s'agit-il ?

La moitié d'entre eux ont un revenu peu élevé, l'autre moitié – principalement des ménages à faible et moyen revenu – a recours aux crédits d'impôt pour enfants ou frais de garde, ou crédits pour le paiement des droits de scolarité ou d'épargne-retraite.

En détail, le Tax Policy Center explique que 55 % des retraités et des familles ne paient pas d'impôts, ce qui fait déjà beaucoup de monde.

Pierre Fortin a consacré en 2007 une chronique dans *L'actualité* pour souligner, notamment, que la proportion de 42 % de non-payeurs québécois était identique à la moyenne canadienne (en 2004), et légèrement inférieure à ce qu'on retrouve dans l'Ouest canadien (43 %).

Ils ne paient… rien ?

C'est l'impression qui nous reste lorsqu'on entend ceux qui dénoncent ces 42 % de non-payeurs : ils ne contribueraient pas.

C'est faux aux États-Unis, explique le Tax Policy Center :

> Chaque citoyen qui ne paie pas d'impôts paie cependant toutes sortes de taxes. Ils paient des prestations de sécurité sociale, d'assurance-maladie et d'assurance-vieillesse lorsqu'ils travaillent, les taxes de vente et de propriété, les taxes sur l'essence, le tabac et l'alcool. Selon nos recherches, 75 % des citoyens contribuent d'une façon ou d'une autre au trésor fédéral.

C'est tout aussi faux au Québec, écrit Pierre Fortin :

> Ils paient la taxe de vente du Québec (TVQ) sur leurs biens de consommation, les taxes sur l'essence et les cigarettes, les droits d'immatriculation des véhicules, et ainsi de suite. Ils ajoutent aussi au revenu des entreprises d'État par leurs achats auprès d'Hydro-Québec, de Loto-Québec, de la Société des alcools, etc. Enfin, ceux qui ont un emploi cotisent au Régime de rentes du Québec.
>
> On peut ainsi estimer qu'en 2004 les personnes qui n'ont pas payé d'impôts ont en fait versé 3 milliards de dollars en taxes, achats et cotisations à l'État. En gros, un dollar sur chaque tranche de huit dollars récoltés par le Trésor québécois provient de leurs goussets.

Donc, trop d'impôts pour les autres ?

Vous aurez peut-être remarqué que si plus de 40 % des Américains et des Québécois ne paient pas d'impôts, mais que seulement 6 à 9 % d'entre eux sont au chômage, c'est qu'il y a énormément de gens qui ont des emplois très peu payés – en plus des retraités pauvres qui ne font plus partie de la population active.

Non, le vrai scandale ne réside pas dans le fait qu'une proportion significative de la population ne paie pas d'impôts. Il réside dans le fait que l'évolution du marché de l'emploi et l'inégalité des revenus font en sorte que l'écart se creuse sans cesse entre ceux qui occupent un emploi de base, peu rémunéré, et les hauts salariés, qui gagnent de plus en plus d'argent, pour ne rien dire des cadres supérieurs d'entreprise.

Le Québec, comme plusieurs pays européens, résiste plus que le reste de l'Amérique du Nord à ce phénomène – surtout plus que les États-Unis où ces inégalités de revenus sont aujourd'hui retombées à leurs niveaux des années folles, avant la crise des années 1930.

Plusieurs mécanismes sont à l'œuvre dans ces écarts grandissants entre travailleurs. Mais un dispositif a été prévu, justement, pour corriger ces écarts: l'impôt sur le revenu.

Plus les écarts entre salariés sont grands, plus la redistribution devrait être forte et plus, donc, devrait être importante la proportion de citoyens qui ne paient pas d'impôts.

C'est ce principe élémentaire qui semble en voie de disparition, par les temps – et les budgets – qui courent. C'est ce principe élémentaire que la droite tente de nous faire oublier.

AFFIRMATION 12
LE QUÉBEC SOUFFRE D'UN DES PIRES ENDETTEMENTS AU MONDE.

Faux… mais pas archifaux

« Le Québec dans le rouge », c'est presque devenu, pendant de longs mois, le slogan de TVA et du *Journal de Montréal*. Mais je serais curieux de savoir quel slogan catastrophiste devrait être utilisé pour caractériser les déficits existants cette année dans les autres pays de l'OCDE.

Comme le tableau qui suit le démontre, selon le PIB, donc selon notre richesse nationale, le déficit québécois (auquel s'ajoute ici sa part du déficit fédéral) est en 2012 nettement inférieur à la moyenne des pays industrialisés.

Les déficits en pourcentage du PIB dans l'OCDE en 2012

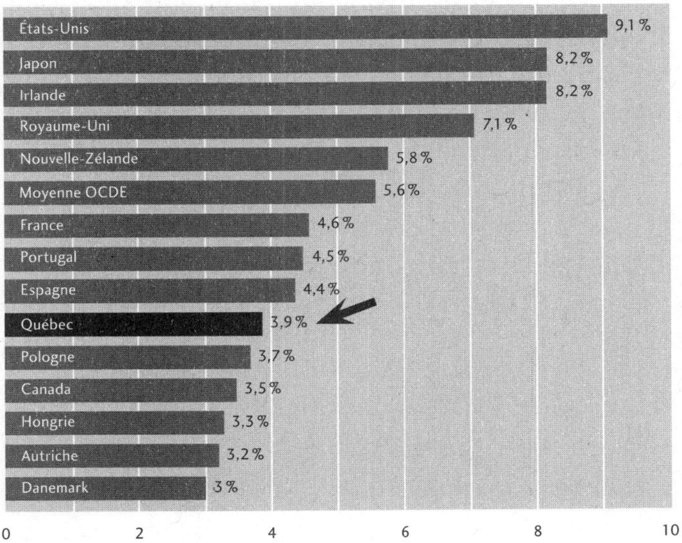

Sources : OCDE et ministère des Finances du Québec.

Bon : qui veut changer de place avec le Québec ?

Le déficit québécois est-il trop élevé ? Évidemment. Faut-il faire des efforts importants pour l'éliminer en quelques années ? Évidemment. Les Québécois sont-ils les cancres des pays industrialisés ? Au contraire.

D'accord pour le déficit, mais la dette ?

Notre déficit est donc assez enviable si on le compare à d'autres. Qu'en est-il de notre endettement total ? Il est, en effet, préoccupant (d'où l'importance de limiter, puis d'éliminer, les déficits).

Il y a deux façons de calculer la dette. L'économiste Mathieu Laberge, du Centre interuniversitaire de recherche en analyse des organisations (CIRANO), affirme la chose suivante : « Si vous voulez faire peur à vos enfants, prenez la dette brute par habitant, elle ne tient pas compte de la capacité de payer, ni des actifs du gouvernement. »

La dette brute. C'est ce que vous devez encore à la banque pour finir de payer votre maison. Effrayant, en effet, si on ne sait pas que vous possédez en propre un autre immeuble. Si on tient plutôt compte de ce que vous devez et de ce que vous possédez, on obtient alors votre dette nette.

Or, les commentateurs de droite, y compris, à ses heures, le ministère des Finances du Québec, adorent la dette brute et parlent moins de la dette nette.

Dette brute en pourcentage du PIB pour l'OCDE pour l'année budgétaire 2011-2012

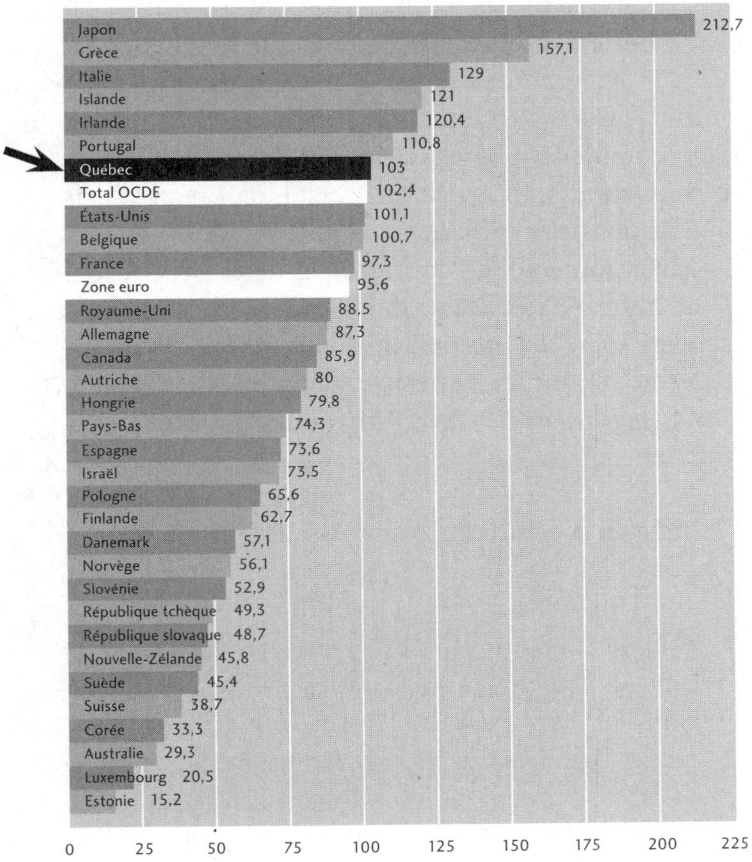

Sources : OCDE et calculs de Stéphane Gobeil.

Utilisant des chiffres de l'OCDE sur la dette brute des pays, et comparant ce chiffre « Bonhomme Sept Heures » à la richesse que chaque pays produit en une année (le PIB), un document du ministère offrait en février 2010 cette conclusion :

> Avec un ratio de 94,0 %, le Québec se classe au 5e rang par rapport aux pays de l'OCDE, après le Japon, l'Italie, la Grèce et l'Islande. La dette du Québec est plus élevée

que celle du Canada, des États-Unis et de la moyenne des pays de l'OCDE (78,4 %).

La dette brute permet de dire que le Québec est un cancre, une des nations les plus endettées au monde. Dans le même groupe que la Grèce, dont l'endettement a plongé l'Europe tout entière dans la crise. Quand on nous dit qu'on est nuls, on n'y va pas avec le dos de la cuillère.

Mais pourquoi ce chiffre de la dette brute est-il si trompeur ? Stéphane Gobeil qui, comme ex-conseiller de Gilles Duceppe, a suivi ce dossier pendant dix ans, répond à la question dans un texte, publié sur *Cyberpresse* en mars 2010, où il se montre légitimement furieux :

> Indiquer la dette brute d'un pays sans offrir le portrait global, ça n'a aucun sens. La Norvège, par exemple, avait une dette brute à 56 % de son PIB en 2008. Mais elle avait aussi accumulé une cagnotte de plusieurs centaines de milliards, ce qui fait qu'en réalité, la dette nette de la Norvège est à *moins* 125 % de son PIB.
>
> Pour prendre un autre exemple, imaginons que Jean a contracté une dette de 50 000 $ et qu'il en gagne autant par année. On dira qu'il a une dette brute à 100 % de son revenu, ce qui semble inquiétant. Sauf que dans son compte en banque, Jean a 40 000 $. Sa dette nette, de 10 000 $, est donc à 20 % de son revenu.
>
> Pourquoi le ministère des Finances agit ainsi ? C'est bien simple, en prenant en compte la dette nette, impossible de faire peur au monde, car le portrait change complètement. En 2008, la dette nette était, selon mes calculs, à 43 % du PIB, le Québec se situant alors au 11e rang, tout juste au-dessus de la moyenne des pays de l'OCDE.

Dette nette en pourcentage du PIB pour l'OCDE pour l'année budgétaire 2011-2012

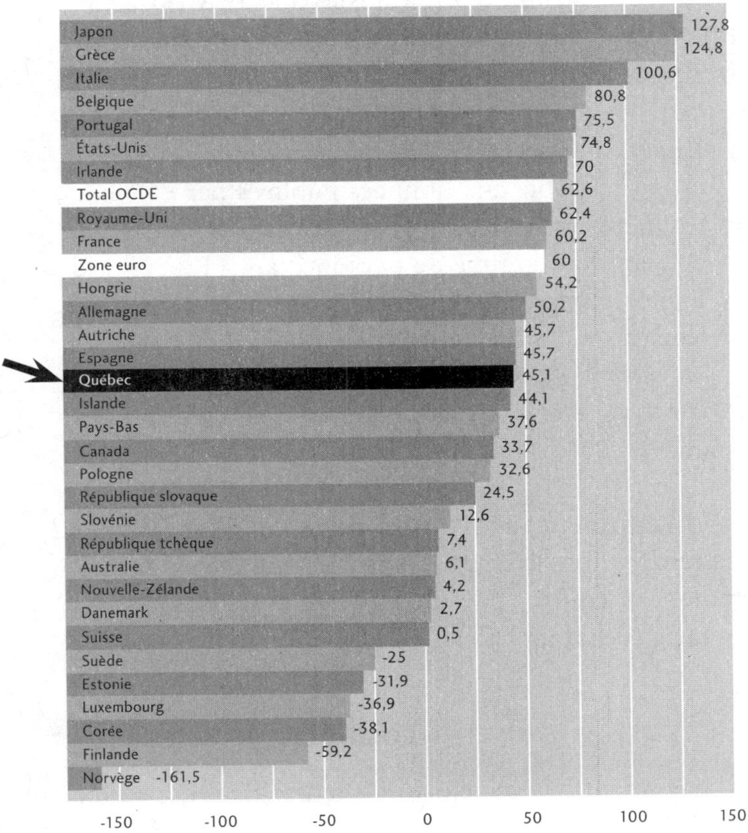

Sources : OCDE et calculs de Stéphane Gobeil.

Dette : Le Québec beaucoup moins endetté que la moyenne des pays industrialisés ! Cela fait effectivement moins peur que la manchette du ministère des Finances reprise par tous les ténors de droite.

Il est possible d'éliminer complètement la dette nette du Québec, ce qui nous assurerait un meilleur rapport de force face à la folie des marchés financiers. J'y reviens dans la section « Et si on faisait encore mieux ? ».

Il faut noter aussi que le catastrophisme au sujet de la dette québécoise est récent. Il n'y a pas si longtemps, en 2005, un groupe d'économistes du CIRANO, généralement de droite, usait à peu près des mêmes chiffres pour arriver à une tout autre conclusion :

> La dette de l'ensemble des gouvernements au Québec est comparable aux données publiées par l'OCDE, le Québec se situe près de la moyenne de l'OCDE et au sein d'un groupe de pays incluant l'Espagne, la France, les Pays-Bas, les États-Unis, l'Autriche et l'Allemagne. [...] *La bonne position relative du Canada (et du Québec) dans ce classement international* est en fort contraste avec la situation qui prévalait au début des années 1990.

On affirmerait avec raison que ces chiffres de 2005 ne reflètent pas la situation de 2012. En effet, l'endettement des autres pays de l'OCDE et de nos voisins ontariens et américains a été plus rapide que la nôtre.

La dette : un sujet important

Je fais mienne la conclusion que tire de ses travaux sur la question Marcelin Joanis, économiste de l'Université de Sherbrooke associé au CIRANO, qui m'a envoyé ce courriel :

> Le résumé de ma position sur la question : le Québec (comme d'autres provinces canadiennes) fait partie du groupe des juridictions les plus endettées de l'OCDE, mais le Québec (comme les provinces canadiennes en général) dispose d'actifs élevés selon les standards internationaux qui compensent en partie son imposant passif.

Le Québec a donc, selon moi, un problème d'endettement auquel il doit s'attaquer. Mais ce problème est, heureusement, un problème gérable, ce qui me permet de penser que des mesures énergiques mais raisonnables peuvent être adoptées.

Qu'on me comprenne bien : l'endettement du Québec est un sujet important. Le principe de précaution exige que nous prenions les moyens raisonnables nécessaires pour le faire reculer. Quels que soient les débats sur la dette brute ou la dette nette, il nous faut assumer, chaque année, le service de la dette, c'est-à-dire en payer les intérêts et le renouvellement. Lorsque les taux d'intérêt vont augmenter, ce qui est inéluctable, l'augmentation du service de la dette va exercer une pression néfaste sur notre capacité de financer les vrais services de l'État.

On sait pourquoi la droite use de l'épouvantail de la dette : pour démanteler les choix sociaux-démocrates des Québécois.

Mais pourquoi notre propre gouvernement ne peut-il pas nous expliquer ces choses posément, sans insulter notre intelligence et miner sa propre crédibilité ?

Résumons la situation.

1. En matière de dette, le Québec n'est pas la Grèce. C'est déjà bon à savoir, par les temps qui courent.

2. En matière de dette, l'Ontario est presque le Québec. Au moins, on a de la compagnie près de chez soi.

3. En matière de dette, la situation de la plupart des pays industrialisés se détériore plus rapidement que la nôtre. Cela ne réduit pas les paiements que nous devons faire, mais relativise le procès qu'on nous fait.

4. Notre dette est trop lourde et il faut s'y attaquer, intelligemment.

Affirmation 13
Sans la péréquation, les Québécois seraient sans le sou.

Faux, archifaux…

D'abord, il faut dégonfler un peu le chiffre maintenant utilisé par la droite comme un marteau sur un clou – les Québécois étant le clou – pour les convaincre qu'ils sont des assistés économiques.

Le Québec, nous dit-on, reçoit du Canada 8 milliards de dollars par année en péréquation. C'est un fait. Mais il existe un autre fait, presque jamais évoqué. Combien le Québec verse-t-il dans la cagnotte de la péréquation ?

Vous ne le saviez pas ? Le Québec verse, puis retire. La péréquation est un programme fédéral financé par les impôts de tous les Canadiens. La cagnotte globale est de 15 milliards de dollars. Le Québec y verse 3 milliards.

Il y verse 3 milliards, il en retire 8. Résultat : il obtient un solde de 5 milliards. C'est toujours un chiffre impressionnant, mais ce n'est pas 8 milliards. Autrement dit, cela représente 8 % du budget du Québec, pas 12 %.

Et lorsqu'on se demande si un Québec souverain pourrait se passer du Canada, il est plus aisé d'imaginer des économies de 5 milliards en se retirant des programmes fédéraux qui ne nous concernent pas (par exemple, les 8 milliards dépensés par Ottawa en 2008 pour sauver l'industrie ontarienne de l'automobile) !

Sans même dégonfler le chiffre de la péréquation, l'affirmation souventes fois répétée selon laquelle le Québec se paie des programmes sociaux généreux à même l'argent des autres provinces est fausse.

Le comité des quatre économistes embauchés par Québec en 2009 déjà cité a tordu le cou à ce refrain de la façon suivante :

> On constate que même en tenant compte de la contribution des transferts fédéraux, le Québec assume davantage de dépenses que les autres provinces. Ce ne sont donc pas les transferts fédéraux qui financent ces dépenses additionnelles.

Traduction : même lorsqu'on soustrait les sommes de la péréquation de son budget, le Québec est plus généreux que ses voisins en services divers offerts aux citoyens, et il paie cette générosité avec ses propres taxes et impôts. Bref, c'est nous qui payons !

Une province de quêteux ?

Les commentateurs de droite n'ont pas beaucoup d'inhibition, on l'a vu, lorsque vient le temps de déconsidérer les Québécois, souvent présentés comme des quêteux dans le Canada. (Il faut dire que c'est un fils du Québec, Pierre Trudeau, qui a lancé le bal dès les années 1950 dans la revue *Cité Libre*.)

Ces dernières années, les contributions du gouvernement fédéral envers les Québécois et leur gouvernement ont augmenté. C'est indubitable. Mais cela singularise-t-il le Québec ?

L'Institut de la statistique du Québec nous rend le service de comparer les provinces canadiennes et de mettre en contexte la situation québécoise.

D'abord, voyons l'évolution des sommes qu'Ottawa envoie à chaque citoyen : allocations familiales, pensions, crédits d'impôt, assurance-emploi, etc.

Fédéral : transferts aux particuliers par habitant de 1986 à 2008

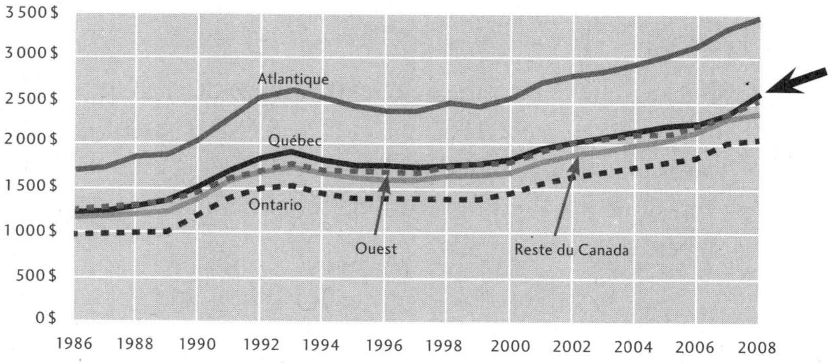

Source : Institut de la statistique du Québec.

Voyez-vous dans ce graphique une différence considérable entre le Québec et la moyenne canadienne ? Si nous sommes quêteux, nous le sommes comme les autres, y compris l'Ouest canadien !

Voyons maintenant ce qu'Ottawa verse aux entreprises, publiques et privées. Le chiffre est ajusté en fonction du le nombre d'habitants de chaque province.

Fédéral : transferts aux entreprises par habitant de 1986 à 2008

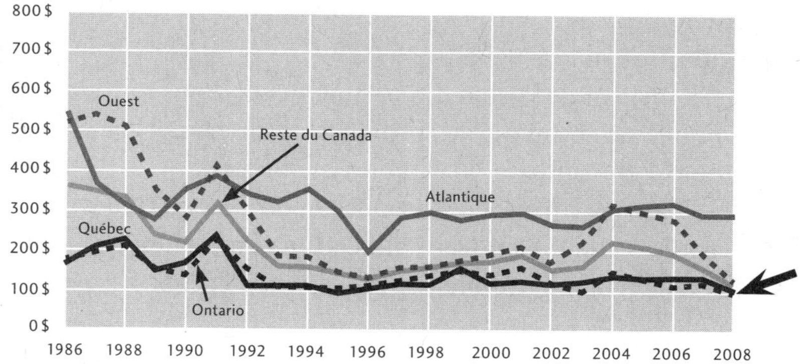

Source : Institut de la statistique du Québec.

On n'a pas l'impression, ici, que le Québec est un très bon quêteux. Il devrait prendre des leçons des provinces de l'Ouest et de l'Atlantique. Les entreprises québécoises reçoivent moins que leur part d'aide fédérale.

Vous voulez savoir où le Québec est nul? C'est lorsque vient le temps d'obtenir sa part d'achats fédéraux de toutes sortes: du papier à lettre aux équipements militaires. Voyez plutôt.

Fédéral: dépenses courantes pour les biens et services par habitant de 1988 à 2008

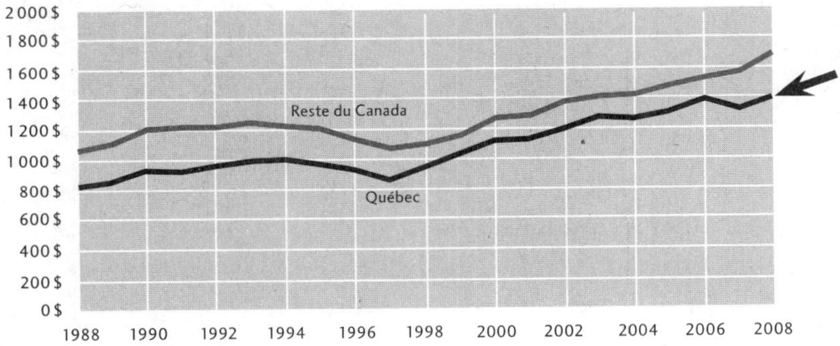

Source: Institut de la statistique du Québec.

C'est un peu comme si Ottawa avait un programme d'« achat chez nous », « chez nous » étant d'abord défini comme le reste du Canada, en particulier l'Ontario qui obtient plus du double des dépenses fédérales consenties au Québec.

Finalement, allons au cœur de l'accusation: Québec, nous dit-on depuis Trudeau, fait constamment chanter Ottawa pour recevoir davantage de transferts fédéraux que les autres provinces. C'est une accusation courante dans la presse canadienne-anglaise. Elle est tenue pour certaine.

Voyons les chiffres : il s'agit de la totalité des transferts fédéraux vers les provinces, et ils sont obtenus lorsqu'on additionne la péréquation et les versements fédéraux pour la santé, l'aide sociale et l'éducation postsecondaire.

Fédéral : transferts courants par habitant de 1986 à 2008

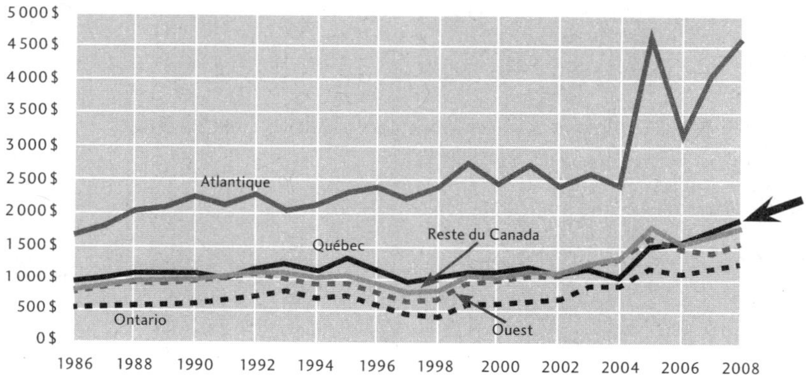

Source : Institut de la statistique du Québec.

Cela devient lassant ! Le Québec correspond exactement à la moyenne du pays, pas plus avare que les autres. Ces chiffres sont ajustés par habitant. Voyons maintenant ce que cela donne lorsqu'on veut savoir quelle portion du budget québécois dépend d'Ottawa, comparativement aux autres membres de la Fédération canadienne.

Pouvez-vous trouver la province quêteuse ? Le Québec vous semble-t-il vraiment l'endroit le plus gourmand de la Fédération ? La proximité de l'Ontario (22 %) et de la Colombie-Britannique (20 %) par rapport au Québec (25 %) ne devrait-elle pas faire taire les mauvaises langues ?

Part de la contribution fédérale dans les revenus des provinces de 2010 à 2011

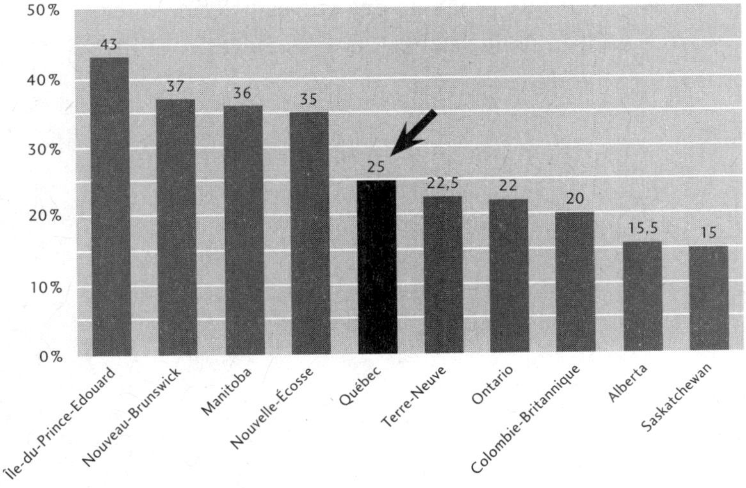

Source : Institut de la statistique du Québec.

C'est la question qu'a posée le chroniqueur économique de *La Presse*, Claude Picher, dans un article de juin 2011 :

> Le Québec est donc légèrement plus favorisé que la province voisine, mais l'écart est très largement insuffisant pour permettre aux Ontariens d'accuser les Québécois de vivre à leurs crochets.
>
> Illustrons ce que signifie cette différence. Si les transferts fédéraux vers l'Ontario atteignaient le même niveau qu'au Québec, Queen's Park recevrait 3 milliards de plus… de quoi financer les dépenses du gouvernement ontarien pendant neuf jours ! Pourtant, personne ne songe à traiter les Ontariens de quêteux.

Si les Québécois peuvent se payer l'assurance-médicaments ou les garderies à 7 dollars, ce n'est pas parce qu'ils vivent aux crochets des autres provinces, c'est parce qu'ils paient des impôts plus élevés… et qu'ils sont plus endettés.

Il y a évidemment une façon d'en finir une fois pour toutes avec les débats sur la péréquation. C'est de faire l'indépendance du Québec.

Affirmation 14
Les Québécois forment une tribu nombriliste, refermée sur elle-même.

Faux, archifaux…

L'acte d'accusation est connu : le Québec est une société tribale, tournée vers son propre nombril, imperméable aux grands vents de la mondialisation. Est-il possible de faire la démonstration inverse ? Pour y arriver, il faut encore une fois recourir aux données comparatives. Je le ferai ici en parlant d'immigration, de langue et d'antisémitisme.

Le reproche fait au Québec repose d'abord sur l'immigration. La preuve : les immigrants lui préfèrent l'Ontario. Certes, l'Ontario est, *per capita*, la principale destination au monde pour l'immigration internationale ! Mais lorsqu'on compare le Québec, ou plutôt Montréal, aux autres métropoles nord-américaines, que trouve-t-on ?

Les données colligées par *Le Grand Montréal – Indicateurs d'attractivité 2010-2011*, publié par l'organisme Montréal international en 2010, offrent quelques surprises.

D'abord, lorsqu'on examine, de 2007 à 2008 (donc juste avant la crise, quand tout allait bien), le nombre d'immigrants internationaux qui se sont installés dans une grande ville, qu'on soustrait le nombre de ceux qui sont partis, et qu'on ajuste le résultat en proportion de la population, cela donne ceci.

Solde de la migration internationale en pourcentage de la population totale (top 20 des régions métropolitaines d'Amérique du Nord de 2007 à 2008)

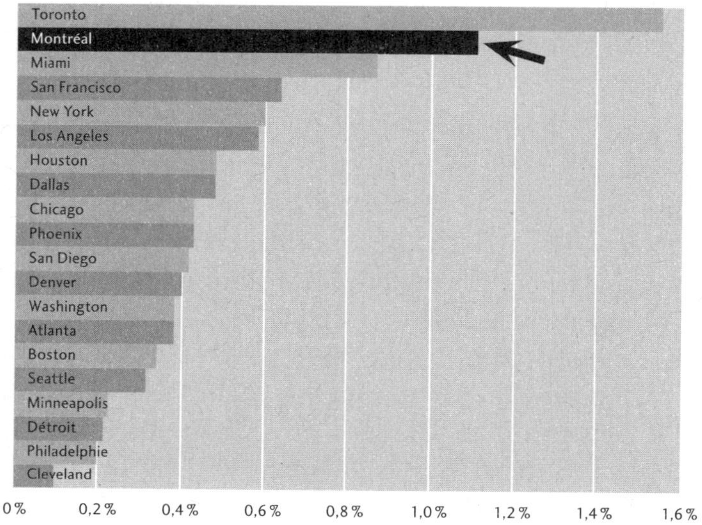

Source: Montréal International, *Le Grand Montréal – Indicateurs d'attractivité 2010-2011*, 2010.

Arrivant tout juste après Toronto, Montréal fait de l'ombre à toutes les autres villes, y compris New York!

Mais que font tous ces étrangers à Montréal? Certains viennent y étudier. En chiffres bruts, donc sans même les ajuster en fonction de la population, davantage d'étudiants étrangers choisissent Montréal plutôt que Toronto.

Voilà pour les étrangers qui viennent s'établir et étudier parmi nous. Mais pourrait-on trouver une autre mesure d'ouverture au monde qui rende compte de la capacité des individus de dialoguer avec les autres cultures? Oui, bien sûr: la langue.

Mais il est trop facile de comparer les taux de bilinguisme entre Montréal et les autres grandes villes canadiennes. Montréal, évidemment, les bat à plate couture. Alors corsons le palmarès, et voyons la proportion de trilingues.

Diplômes universitaires décernés à des étudiants étrangers (top 5 des régions métropolitaines du Canada en 2007)

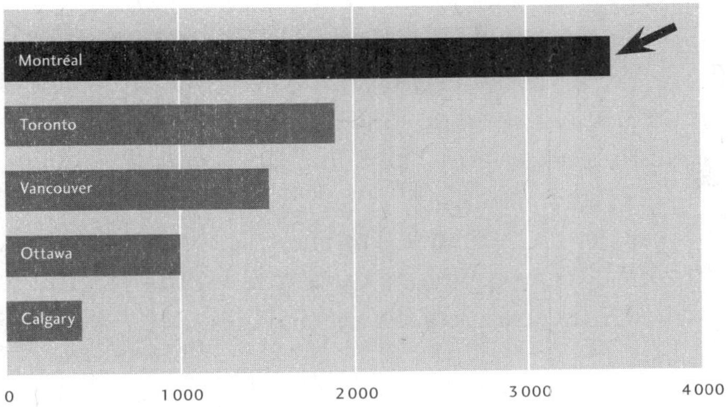

Source : Montréal International, *Le Grand Montréal – Indicateurs d'attractivité 2010-2011*, 2010.

Pourcentage de la population maîtrisant au moins trois langues (top 5 des régions métropolitaines du Canada en 2006)

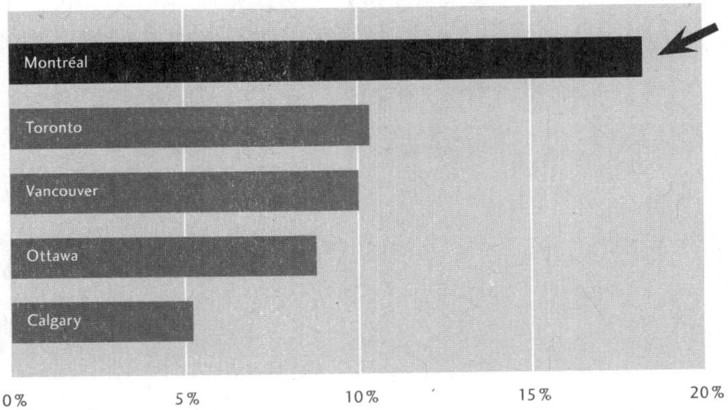

Source : Montréal International, *Le Grand Montréal – Indicateurs d'attractivité 2010-2011*, 2010.

Le Québec dans le palmarès de l'intolérance

Voilà pour notre capacité d'accueil et de dialogue. Mais cela veut-il dire que nous sommes tolérants ? En 2010, la maison de sondage Angus Reid a posé une question un peu osée aux Québécois, aux Canadiens et aux Américains.

Elle leur a demandé s'il fallait déporter les immigrants illégaux. Voyons qui est le moins prompt à « rejeter les étrangers à la mer ».

Proportion de citoyens disant qu'il faudrait déporter les immigrants illégaux

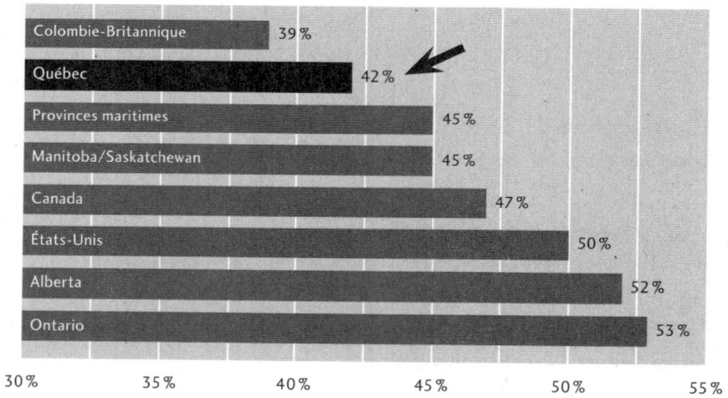

Source : Angus Reid, 2010.

L'immigration est un cas à part, aux frontières de la tolérance, de la dynamique linguistique et de l'opinion qu'on peut avoir de la valeur réelle de son apport économique.

Mais qu'en est-il de la simple opinion qu'on peut avoir de ses voisins. Après toute une histoire de tension et de coopération avec leurs voisins canadiens-anglais, les Québécois en ont-ils une bonne opinion ?

Jack Jedwab, de l'Association d'études canadiennes, leur a posé la question en janvier 2010. C'est net : 79 % des Québécois ont une opinion favorable des Canadiens anglais. C'est assez élevé pour des gens qu'on accuse de tribalisme et de nombrilisme. L'inverse est-il vrai ? Pas tout à fait. Une majorité, certes, mais une majorité moindre de Canadiens anglais ont une opinion positive des Québécois : 60 %. « Je ne pensais pas que la perception des anglophones du Canada vis-à-vis des francophones du Québec serait aussi négative », a admis Jedwab.

Il y a bien une accusation lancinante portée contre le Québec : celle d'antisémitisme. Ce trait, comme le racisme, est évidemment présent au Québec, comme il l'est dans toutes les sociétés occidentales. Mais l'est-il davantage qu'ailleurs ?

Chaque année, l'organisme militant B'nai Brith recense le nombre d'actes antisémites commis dans chaque province. En 2010, on en comptait 305 au Québec. C'est trop. Beaucoup trop. Et en Ontario ? 735 ! En ajustant le chiffre en fonction de la population, cela signifie qu'il y a, en Ontario, 47 % plus d'actes antisémites qu'au Québec. C'est considérable, surtout lorsque vient le moment de pointer un doigt accusateur en direction d'une province en particulier.

Je m'étais intéressé de près à ces questions, dans les années 1990, quand Mordecaï Richler décrivait le Québec dans les *gazettes* américaines comme un endroit tribal, obsédé, hautement antisémite, mais avec de bons restaurants. J'avais noté le phénomène : en termes bruts, la vie est significativement plus dure pour la communauté juive en Ontario qu'au Québec.

Il y a donc un paradoxe, car, historiquement, les Québécois expriment aux sondeurs davantage d'opinions antisémites que ne le font les autres Canadiens. Un sondage réalisé par l'Association d'études canadiennes en janvier 2010 donne cette

Opinons « très défavorables » des Ontariens et des Québécois envers « les autres »

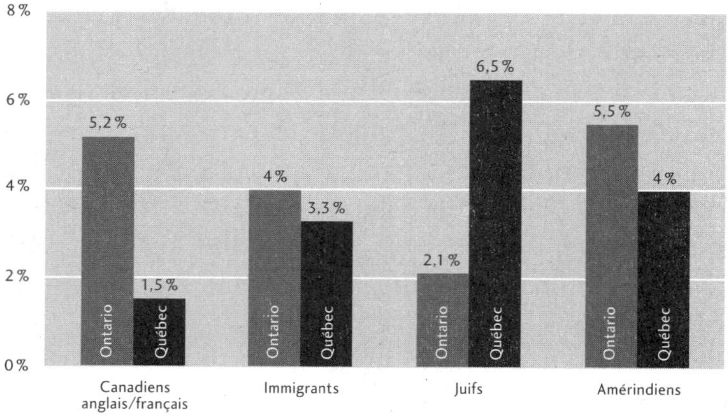

Source : Association d'études canadiennes.

ventilation des opinions très défavorables exprimées par les Ontariens et les Québécois envers « les autres ».

Donc, en règle générale, les Québécois ont moins de mauvaises opinions des autres – et notamment des Anglos – sauf dans le cas des juifs. L'inversion est en soi intéressante. Les Canadiens français sont les juifs des Ontariens. Autrement dit, il est en Ontario plus répandu de détester les francophones que les juifs.

Plus intéressant encore : même si les Québécois avouent, en bien plus grand nombre que les Ontariens, avoir une opinion défavorable des juifs, ils sont moins enclins que les Ontariens à commettre des actes antisémites.

Pour une fois, il faut féliciter les Québécois d'être des grands parleurs, mais des petits faiseurs… et espérer qu'ils ne seraient ni l'un ni l'autre.

Affirmation 15
Le faible taux de natalité québécois est un signe de déclin.

Faux, archifaux...

J'ai une thèse sur la raison pour laquelle nos arrière-grands-parents faisaient beaucoup plus d'enfants (40 % de plus) que les Ontariens. Le commerce avec la France étant rompu, nos aïeuls n'avaient pas accès à la littérature française, et il n'y avait encore ni Internet ni télé. Alors que pouvaient-ils faire d'autre, le soir, pour se distraire ?

Le commerce avec le Royaume-Uni, cependant, allait bon train et les romans de Charles Dickens avaient la cote chez les Anglos : misère, orphelinats, crimes et souffrances. Après leurs lectures, nos voisins n'avaient pas tout à fait l'entrain voulu pour peupler leur coin de planète.

Depuis, la pilule contraceptive, introduite au début des années 1960, a eu plus de succès chez nous (le retour de la littérature française ne semble pas avoir eu autant d'effet) et a réduit notablement notre (re) production.

Ce n'est plus le cas, et nous sommes en plein retour de balancier, comme le montre ce tableau produit par l'Institut de la statistique du Québec.

Taux de natalité pour 1 000 habitants

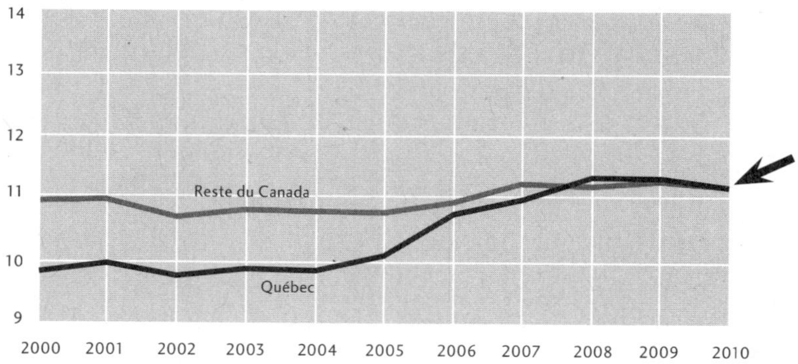

Source : Institut de la statistique du Québec.

Mettons maintenant le taux de natalité québécois dans le contexte international, pour prendre un peu de recul, et comparons-le à celui des autres pays industrialisés.

Taux de natalité des principaux pays industrialisés en 2010

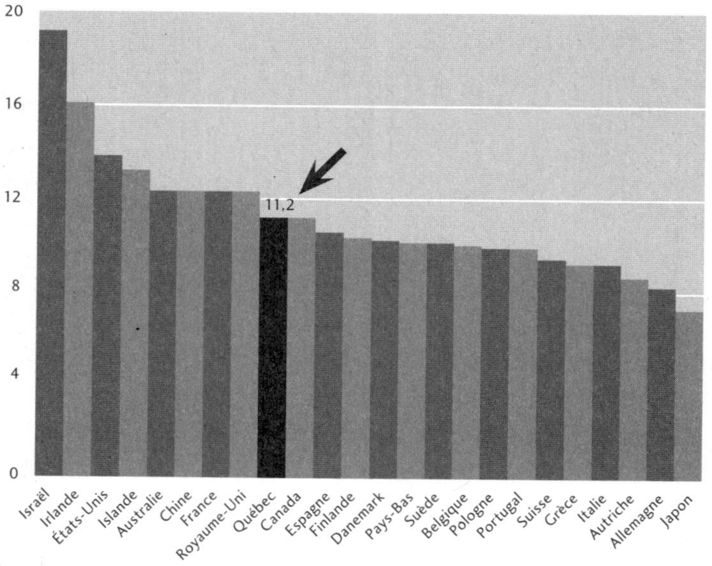

Source : CIA, *The World Factbook*.

On le voit, les Québécois ne sont pas différents des autres Occidentaux en matière de natalité. Ils ont un comportement équivalent et font face aux mêmes défis que les autres sociétés industrialisées.

Je ne vais pas m'aventurer à prédire leur avenir. Mais le grand historien Arnold Toynbee écrivait en 1948, dans *Civilization On Trial*:

> Si l'avenir de l'humanité dans un monde unifié est appelé, dans son ensemble, à être heureux, alors je prédirais que demain réserve un grand rôle dans l'ancien monde aux Chinois et, sur l'île de l'Amérique du Nord, aux Canadiens français. Quel que soit l'avenir du genre humain en Amérique du Nord, j'ai la conviction que ces Canadiens de langue française, en tout cas, prendront part aux derniers événements de l'histoire.

II

ET SI ON FAISAIT ENCORE MIEUX ?

La vie m'a fait beaucoup de cadeaux, notamment le privilège de vivre en France et de voyager en Europe, puis de vivre à Washington et de voyager aux États-Unis, comme journaliste, pendant les années 1980.

J'en suis revenu avec un sens plus aigu de la comparaison. J'ai pu concrètement mettre en perspective les forces et les faiblesses du Québec et celles d'autres sociétés occidentales. J'en ai surtout conclu que le Québec souffrait d'un complexe d'infériorité dont il devait se défaire. Il y a, au Québec comme ailleurs, des gens incompétents, corrompus, repus, mais il ne m'a pas semblé que nos voisins américains ou nos cousins français étaient, au total, dans une classe à part.

Devenu conseiller de premier ministre, j'ai pu constater combien le Québec, grâce à sa fonction publique, se présentait toujours mieux préparé et mieux outillé que les autres lors des rencontres entre provinces ou avec des États américains.

Pour une tournée américaine de Lucien Bouchard, j'avais préparé une présentation PowerPoint d'une vingtaine de minutes sur les attraits du Québec et j'avais demandé à une petite boîte de production média, Idées au cube, de l'agrémenter avec des animations simples.

Un de nos arrêts était Boston, où la présentation était faite devant le gouverneur de l'État et une salle remplie de chefs d'entreprise. L'accueil fut chaleureux. Nous pensions donc avoir bien travaillé. Mais en fin de journée, le bureau du gouverneur avait organisé un petit cocktail pour les participants québécois de la mission. Le chef de cabinet du gouverneur prit alors la parole et prononça ces mots: « J'ai regardé attentivement la présentation qu'a faite le premier ministre du Québec ce midi et je rêve du jour où le gouverneur du Massachusetts pourra en faire autant ! »

Un détail, oui. Mais qui vous donne un coup au sentiment d'infériorité. Comment peuvent-ils, eux, être impressionnés par ce qu'on fait ? Ma réaction ne fut pas: chouette, on peut maintenant se reposer. Mais plutôt: ce petit truc vous impressionne ? Vous n'avez encore rien vu !

Voilà précisément le sentiment qui m'anime aujourd'hui au sujet du Québec. Je le défends, comme vous l'avez constaté depuis le début de cet ouvrage, lorsqu'on tente de le diminuer, de le salir, de le culpabiliser à tort. Mais je sais que la meilleure chose à faire, non pour confondre les sceptiques, mais pour notre bien à tous, est de proclamer qu'on n'a encore rien vu de la capacité des Québécois de faire beaucoup, beaucoup mieux.

Évidemment, à l'heure d'écrire ces lignes, une grande lessive du domaine de la construction est une priorité absolue. J'ai écrit ailleurs sur la nécessaire reprise en main de nos outils identitaires.

Je voudrais me concentrer ici sur quelques réformes majeures qui permettraient au Québec de se donner un élan économique supplémentaire, pour lui faire relever les défis réels qui s'érigent devant lui.

Ces réformes visent à augmenter, oui, la richesse du Québec. Richesse monétaire et culturelle. Mais, contrairement aux réformes proposées par la droite, elles aspirent à enrichir le Québec sans appauvrir les Québécois. Dans ce que j'appelle la « gauche efficace », je propose des bouleversements importants, oui. Mais ces réformes doivent, dans leur conception même, avoir pour objectifs la protection des revenus des ménages entraînés dans les changements et la création et la distribution simultanées de la nouvelle richesse.

1. Nous concentrer sur l'augmentation de la productivité

Le ressort principal de la qualité de vie future des Québécois est leur capacité de créer davantage de richesse, bien répartie et respectueuse de leur environnement. C'est la productivité. Comme on l'a vu plus haut, ça ne signifie ni d'allonger les heures de travail, ni d'augmenter les cadences.

Cette productivité doit être durable. Cela signifie que les modes de production évoluent pour produire autant (ou plus), mais en utilisant moins d'énergie et moins de ressources naturelles, et en créant moins de rejets.

Pour que le Québec augmente sa richesse collective, donc préserve son filet social actuel et puisse en envisager l'extension, il doit augmenter sa productivité (par heure travaillée) de 2 % par an, objectif atteint en 2009. Alors, qu'attend-on ? Les grandes entreprises ? Les Bombardier et CAE s'en tirent très bien, merci.

Le problème tient à la faible culture d'innovation d'une partie de notre réseau de moyennes et

petites entreprises et aux faibles efforts de formation continue de la main-d'œuvre.

Si on souhaite donner un véritable coup de pouce à la productivité, donc à la création de richesse durable, au Québec, je soumets l'hypothèse suivante.

Il faut d'abord trouver des sous. Il serait possible d'économiser d'ici quatre ans 1,25 milliard par an, en réduisant du tiers l'aide actuelle aux entreprises. L'État québécois offre des crédits d'impôt pour la recherche et le développement que des entreprises multinationales effectueraient de toute façon.

Pourquoi ne pas rediriger plutôt ces sommes là où la productivité est faible : dans le réseau des PME. Pour l'instant, tous les programmes incitatifs ont échoué. Il faut une grosse carotte. Proposons aux PME manufacturières de payer, pour elles, leurs taxes sur la masse salariale (du Fonds des services de santé) si elles présentent un plan d'entreprise pour la productivité et la protection de l'environnement (PEPPE). Elles devraient y indiquer des objectifs de : a) rehaussement du niveau technologique de l'équipement, b) formation continue du personnel et c) réduction de leur empreinte écologique, sur quatre ans. Le plan serait renouvelable, pour une incitation continue.

C'est le temps d'introduire une telle carotte, car la hausse du dollar canadien rend moins onéreux l'achat d'équipements de production importés.

En ce qui concerne la formation, le Québec (et l'Amérique du Nord) est très en retard sur les Européens, notamment les Britanniques et les Français. Eux ont institué le droit individuel à la formation pour les salariés. Au Royaume-Uni, depuis 2001, 2 millions de salariés sont sortis de l'analphabétisme grâce à cet effort, et 1,8 million d'autres sont passés du statut d'ouvrier au statut de technicien. Londres couvre tous les coûts d'alphabétisation, puis offre des prêts à la formation qualifiante, prêts qui ne seront remboursés par le salarié que si son salaire a effectivement augmenté. Voilà qui rend les salariés plus compétents, plus impliqués et plus riches, intellectuellement et financièrement.

Le Québec n'affiche pas un plus grand taux d'analphabétisme que les autres sociétés similaires (le taux est pire en Suisse, par exemple !). Cependant, si on souhaite poser les bases d'une plus grande richesse pour le Québec de demain, rien ne serait plus utile que d'élever le niveau de connaissances des quelque 800 000 Québécois qui ne peuvent comprendre une simple phrase écrite.

En plus d'un effort continu pour encourager la formation en entreprise (la formation la plus qualifiante, car la plus pratique), je suggère l'organisation d'un grand sommet sur l'analphabétisme au Québec pour se fixer l'objectif de réduire de moitié, en cinq à dix ans, ce « manque-à-savoir ».

La richesse que procure la maîtrise de la lecture est multiforme : culturelle, sociale, économique. Ce serait là une grande corvée pour un Québec enrichi.

2. Tabler sur notre énergie et dégonfler notre dette

Décupler le potentiel d'Hydro-Québec. Vous connaissez peut-être ma proposition ? Il s'agit d'annoncer que, l'an prochain, la nuit du 1er avril, les tarifs d'Hydro-Québec égaleront ceux de l'Ontario, soit une augmentation d'environ 60 %. Ouch ! Dans la même nuit, la taxe carbone s'étendra au mazout et au gaz naturel dans une proportion semblable. Re-ouch ! Mais, simultanément, les impôts baisseront, les prestations et la prime au travail augmenteront, de façon à ce que l'opération soit neutre pour chaque citoyen.

À quoi bon ? Le très fort signal de prix ainsi envoyé à l'avance modifiera les comportements, augmentera l'effort de réduction de la consommation d'énergie (une augmentation du tarif de 10 % réduit d'au moins 1,5 % la consommation, on peut donc espérer davantage) et rendra rentables plusieurs sources d'énergie alternative. L'électricité ainsi économisée pourra servir à l'augmentation de l'utilisation d'électricité dans les transports.

Surtout, ce changement renforcera l'activité économique et provoquera une hausse, modeste mais réelle, du revenu disponible, grâce à la baisse de la consommation d'énergie.

Il y a plusieurs bénéfices supplémentaires considérables découlant de cette opération. Le Québec serait plus solide face à son endettement : une telle hausse de tarif – indolore pour chaque citoyen – ferait passer de 30 à 130 milliards la valeur d'Hydro-Québec, ce qui éliminerait la dette nette du Québec (mais pas la brute, qui, comme vous le savez, est une vraie brute). C'est un peu comme si vous aviez une hypothèque de 130 000 $ sur une maison qui en vaut 30 000. Votre situation serait précaire. Mais si votre maison prenait d'un seul coup beaucoup de valeur – 130 000 $ –, votre banquier deviendrait vite nettement plus respectueux à votre endroit.

De plus, la réduction d'impôt rendrait le Québec fiscalement plus compétitif, et la hausse de la prime au travail contribuerait à la poursuite de l'augmentation du taux d'activité et à la baisse du nombre d'assistés sociaux.

3. Trouver de nouveaux revenus pour financer notre générosité

On l'a dit plus haut, la redistribution de revenu par l'impôt est la méthode la plus efficace pour financer les programmes sociaux et redistribuer la richesse. Malheureusement, le Québec vit dans un contexte nord-américain où le taux d'imposition des hauts revenus a fondu depuis quarante ans. Le mince filet d'espoir d'un retour à des taux mieux équilibrés, incarné par l'élection de Barack Obama en 2008, s'est heurté au mur du refus érigé par le Tea Party, courant désormais dominant du Parti républicain. L'environnement fiscal québécois ne va pas s'améliorer. Il va se dégrader.

Si on voulait augmenter significativement ces taux, au Québec, cela aurait pour effet de faire fuir plusieurs de nos hauts salariés. Il faut donc trouver d'autres façons de dégager un revenu supplémentaire, et ainsi de redistribuer la richesse.

Les droits de scolarité. La droite fait fortement pression pour augmenter considérablement ces droits, afin de nous amener vers ce qui nous est présenté comme l'étalon-or en matière de politique publique : la moyenne canadienne ! Je continue à croire qu'au Québec, où la valorisation de l'enseignement est récente et encore fragile, l'addition de tout frein financier au point d'entrée est une mauvaise idée.

Mais il est possible de donner aux diplômés le choix entre 1) payer les coûts réels de leur formation ou 2) payer les droits actuels, indexés (ou même, instaurer la gratuité, comme en Norvège). Puis, seulement lorsqu'ils seront de hauts salariés (plus de 75 000 $ par année, par exemple), leur faire rembourser les deux tiers du coût réel de leur formation. Par ce contrat, ils s'engageraient à œuvrer au Québec pendant douze de leurs vingt premières années de pratique professionnelle. Cela réglerait la question des délits de fuite, commis par les étudiants profitant de la générosité sociale-démocrate du Québec pour s'éclipser ensuite aux États-Unis.

Ainsi outillés pour l'avenir, on pourrait anticiper les rentrées de fonds et consentir aux universités tout ou partie des 500 millions par an qui leur manquent cruellement en ce moment, sans ériger de mur tarifaire à l'entrée de l'université, mais en créant un impôt postuniversitaire ne touchant que les hauts salariés ayant profité de la générosité de leur société.

La tarification différenciée. Je vais d'abord éventer un secret bien gardé. Les riches québécois, ceux qui gagnent plus de 125 000 $ par année, ont certainement une charge fiscale plus élevée que leurs voisins – 38 % contre 35 % au Canada et 33 % aux États-Unis, selon l'économiste Luc Godbout. Cependant, puisque la structure des coûts – habitation, énergie, etc. – est plus faible au Québec, ils ont, à salaire égal, un pouvoir d'achat plus important que celui de leurs voisins. Bref, ils ne sont pas vraiment à plaindre. (Évidemment, ce n'est pas ce qu'ils croient.)

Voilà pourquoi je suggère d'introduire une tarification différenciée selon la capacité de payer. Pour les garderies, les contraventions, les amendes, les permis de conduire et toute une panoplie de tarifs gouvernementaux, il faudrait établir le tarif selon le revenu. Impossible ? C'est pourtant ce que font souvent (mais pas systématiquement) la République française et plusieurs autres pays. Il suffit d'envoyer, avec la déclaration de revenus, une carte indiquant le quintile de revenu, de 1 à 5. À cinq, le citoyen paierait sa garderie au coût réel, comme à Toronto ou New York, soit 50 $ par jour. À trois, il paierait le tarif médian, 7 $. À 1 et 2, il paierait moins. Au total, l'État augmenterait significativement ses revenus. (Impensable ? Dans les écoles publiques françaises, il faut montrer sa feuille d'impôt pour savoir combien son enfant paiera pour manger à la cafétéria. Personne ne regimbe.)

L'environnement fiscal du Québec le condamne à garder ses taux d'imposition actuels ? Admettons. L'environnement tarifaire, lui, ne l'oblige pas à vendre les services à rabais à ceux qui peuvent se les payer au juste prix.

Dans plusieurs pays européens, les amendes sont payées en fonction du revenu. Un feu rouge grillé ? L'équivalent d'un jour de revenu, pour le petit salarié comme pour le banquier. La punition, là, devient équitable.

Cette liste de réformes est partielle. On pourrait parler d'une reprise de contrôle de nos ressources naturelles, de la nécessaire décentralisation en éducation et en santé, d'une réforme des appels d'offres, du soutien à l'émergence de l'économie sociale et solidaire, d'un virage vers un Québec sans carbone, de chantiers visant l'électrification des transports québécois, d'un travail continu de soutien à l'entrepreneuriat, individuel et collectif, et de bien d'autres choses encore.

Si on le compare aux nations occidentales, le Québec de 2011 va bien. Mais il pourrait être en meilleure forme encore. Et, compte tenu des chocs que l'économie néolibérale américaine nous prépare pour la décennie à venir, nous n'avons pas d'autre choix que de nous retrousser les manches.

III

LA DROITE N'EN PARLE JAMAIS !

Il y a des aspects de la vie au Québec dont la droite ne parle jamais. Comme si cela n'avait pas d'importance. Pourtant, la qualité de vie québécoise tient aussi au fait que nous réussissons, mieux que la plupart de nos voisins, à vivre dans une enviable tranquillité.

1. Le Québec, un havre de faible criminalité sur le continent américain

Il y a nettement moins de crimes haineux à Montréal et à Québec que dans les autres grandes villes canadiennes. Statistique Canada l'a indiqué en juin 2010 dans son relevé des crimes haineux dans les grandes villes du pays.

J'ai croisé ces données avec celles du FBI pour la même année, 2008, dans la plupart des grandes villes. Voici ce que cela donne.

Nombre de crimes haineux dans les grandes villes nord-américaines en 2008 (taux pour 100 000 habitants)

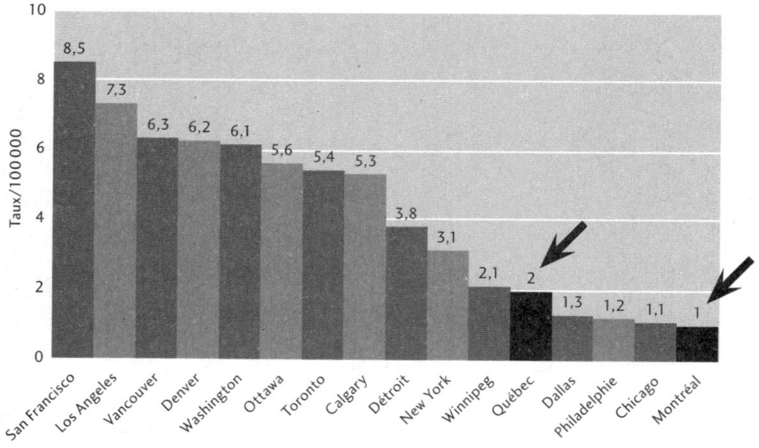

Sources : Statistique Canada et FBI.

Éloquent !

On dit qu'un crime est haineux lorsqu'il est perpétré contre une personne à cause de son sexe, de son origine raciale ou ethnique, de son orientation sexuelle ou de son handicap.

On ne juge pas une société à ses seuls indicateurs économiques, bien qu'ils aient une grande importance. La qualité de la vie – qui est, je me répète, le but du jeu – repose aussi sur un environnement social respectueux. Montréal peut s'enorgueillir d'être la grande ville nord-américaine où la haine est au niveau le plus bas.

Mais qu'en est-il des crimes violents en général ? Voyons d'abord, l'indice de crimes avec violence des principales provinces canadiennes, selon les résultats compilés par Statistique Canada.

Indice des crimes avec violence au Canada et dans certaines de ses provinces

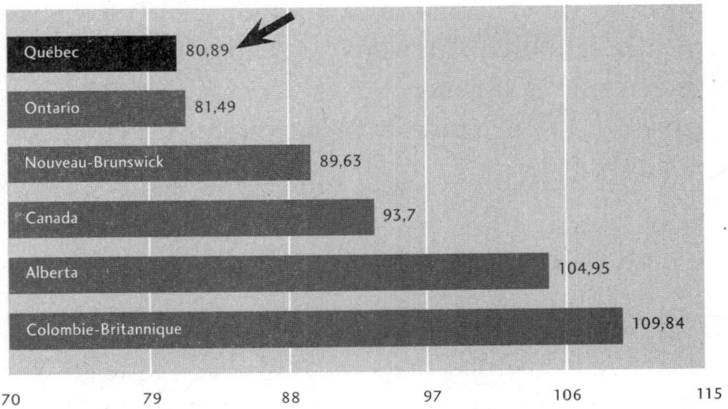

Source : Statistique Canada.

Cet indice est établi en pondérant la gravité de chaque crime violent. Il n'est donc pas comparable au taux de crimes violents calculé pour les États-Unis par le FBI.

Pour se comparer aux Américains, il faut choisir son crime. Prenons le pire : le taux d'homicides par 100 000 habitants.

Taux d'homicides par 100 000 habitants en 2009

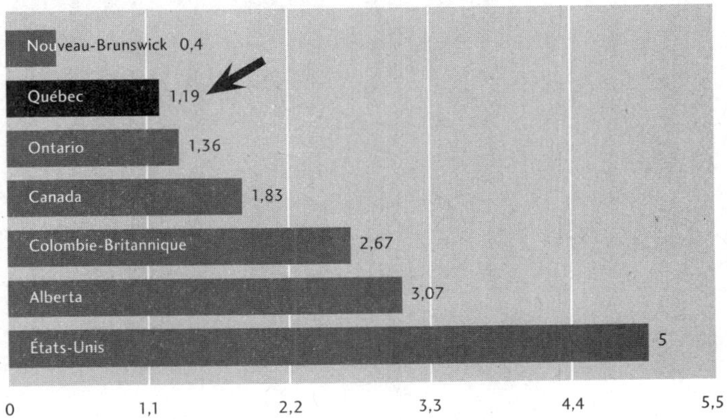

Sources : Statistique Canada et FBI.

On sait que l'exacerbation des inégalités sociales et l'absence de filet social sont des facteurs d'augmentation de la criminalité. Il y a bien d'autres variables en jeu, bien sûr. Mais au total, vivre dans une société moins violente que d'autres sociétés similaires constitue un bien public considérable, un élément de qualité de vie.

2. Obésité : le Québec ne fait pas le poids !

L'obésité est un phénomène inquiétant et mondial. Il affecte le Québec, bien sûr. Mais dans cette course folle vers l'expansion adipeuse, sommes-nous parmi les pires ou les meilleurs ?

En Amérique du Nord, comme l'attestent ces données colligées par l'État canadien, nous, Québécois, sommes parmi les moins expansifs. Bon à savoir.

Obésité et excès de poids (en pourcentage) **en Amérique du Nord en 2005**

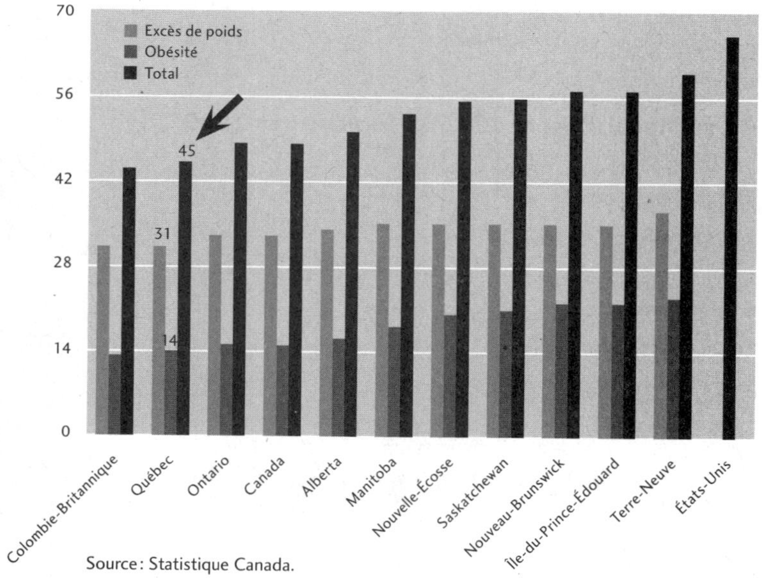

Source : Statistique Canada.

3. Jeux de hasard : les Québécois pas si accros que ça

J'avoue que cette statistique m'a surpris. Probablement moi-même affecté par le discours misérabiliste ambiant sur le Québec et conscient, comme chacun, de l'omniprésence des produits de Loto-Québec, j'ai toujours pensé que les Québécois étaient, malheureusement, parmi les plus enthousiastes consommateurs de cette taxe régressive que constituent les jeux de hasard.

Une étude a été menée en 2007 par Statistique Canada. On y constate que la dépense moyenne des Québécois pour l'ensemble des jeux de hasard est en queue de peloton.

Dépenses des Canadiens consacrées aux jeux de hasard en 2007 **(en dollars par ménage)**

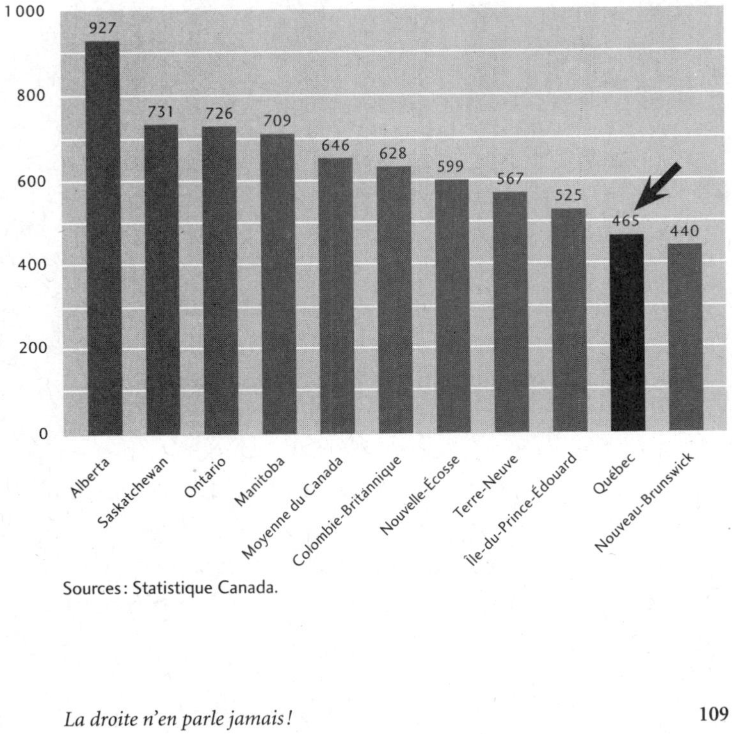

Sources : Statistique Canada.

Comment comparer ensuite avec les États-Unis ? Malheureusement, je n'ai pas trouvé d'enquête utilisant la même méthodologie que celle de Statistique Canada. Mais un article du *Journal of Gambling Studies* – oui, ça existe – démontre la soif des Américains – beaucoup plus grande que celle des Canadiens en général, et des Québécois en particulier – pour les jeux d'argent et de hasard. Les auteurs ont réparti les États américains par régions.

Dépenses des Américains consacrées aux jeux de hasard en 2010 (en dollars par personne)

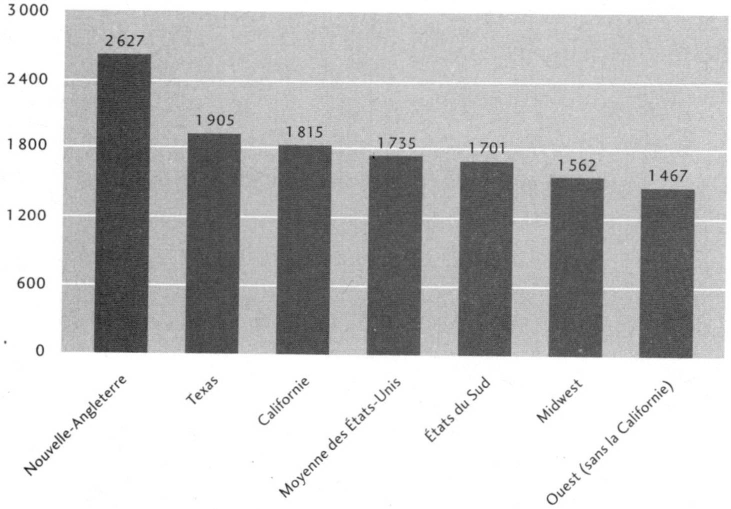

Source : *Journal of Gambling Studies.*

La différence est encore plus forte lorsqu'on considère que les chiffres canadiens représentent la dépense par ménage (donc plus d'une personne) et que les chiffres américains représentent la dépense par personne !

À voir ces chiffres, on ne peut que conclure que les Québécois ne sont, heureusement, tout simplement pas dans la *game* !

4. La statistique qui ne tue pas : l'espérance de vie

Il existe bien une statistique finale, englobante, qui donne à une société sa note la plus lourde de sens : l'espérance de vie. Toutes les variables de l'existence y sont intégrées : éducation, alimentation, qualité de vie, accidents, santé, stress, pauvreté, suicide, drogue, violence familiale, criminalité. Au final, les sociétés les plus humaines induiront une vie plus longue.

Les différences entre pays riches ne sont pas majeures, mais le fait est que le Québec tient bien son rang – en particulier face aux États-Unis et aux endroits où il fait bon vivre, comme la France et l'Italie. C'est vrai pour les hommes.

Espérance de vie (en années) à la naissance pour les hommes du Québec et du G7 en 2006

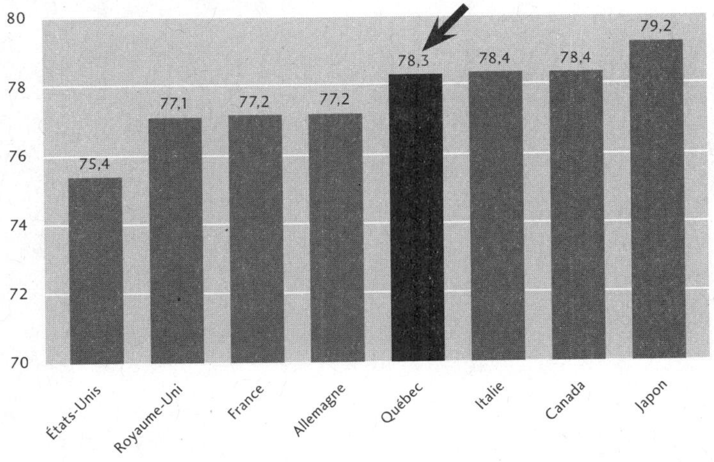

Source : Institut national de santé publique du Québec.

Et pour les femmes.

Espérance de vie (en années) à la naissance pour les femmes du Québec et du G7 en 2006

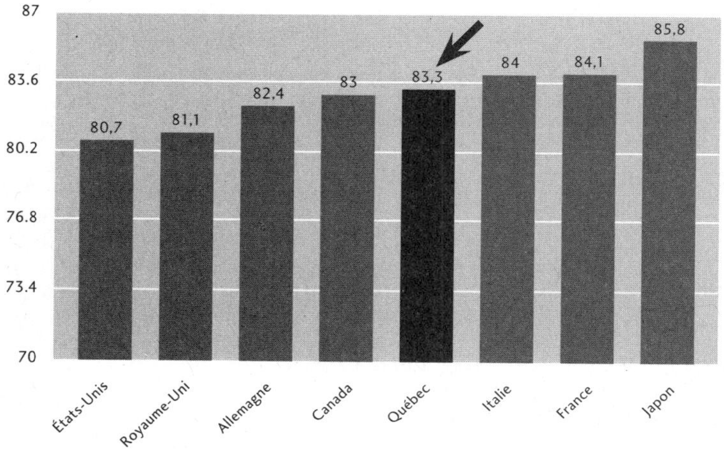

Source : Institut national de santé publique du Québec.

Donc, les hommes québécois vivent trois ans de plus que leurs voisins américains ; les femmes québécoises, deux ans et demi de plus que leurs voisines. Il faut croire qu'ils ont des raisons de rester un peu plus longtemps…

IV

ET LA SOUVERAINETÉ, C'EST MORT ?

S'il y a un thème qui réjouit une bonne partie de la droite québécoise – pas toute, on va le voir –, c'est bien le décès présumé du mouvement souverainiste. Remarquez, ce décès a été plusieurs fois annoncé. Pierre Trudeau avait prévu la « mort du séparatisme » dès 1963, avant que 10 % de l'électorat ne vote pour le Rassemblement pour l'indépendance nationale de Pierre Bourgault en 1966. Il l'avait annoncée de nouveau au printemps 1976, à quelques mois de l'élection du Parti québécois.

Les années 1980 furent une grande période pour la disparition de l'idée indépendantiste, avant qu'elle ne resurgisse, plus forte que jamais, en 1990. Au printemps 1995, la droite et les fédéralistes (il y a un recoupement important mais pas total) étaient tellement convaincus de la nouvelle mort de la souveraineté que leur objectif stratégique n'était pas de gagner le référendum de l'automne, mais d'« écraser » l'option indépendantiste, en la faisant reculer encore par rapport à son résultat de 1980. Ça n'a pas marché.

Le début des années 2000 fut également fertile en annonces de décès du mouvement souverainiste. L'édition canadienne du magazine *TIME* a un jour affiché une pierre tombale pour parler du mouvement. Pourtant, en 2005, une majorité de Québécois affirmaient aux sondeurs qu'ils voulaient devenir indépendants immédiatement, tant ils étaient ulcérés par le scandale des commandites.

Aujourd'hui, la rengaine du décès de la souveraineté est de retour, comme un vieux disque rayé. Des chroniqueurs de *La Presse* aux libertariens, en passant par le grand patronat, la droite économique québécoise, qui a toujours été partisane du lien fédéral, se frotte les mains à l'idée que la menace séparatiste semble en train de s'écrouler. (Un nombre significatif d'individus conservateurs font cependant partie de l'histoire et de l'avenir du mouvement souverainiste – j'y reviens dans la prochaine section.)

Il faut dire qu'au moment d'écrire ces lignes, les souverainistes eux-mêmes sont cette fois largement responsables de l'implosion anticipée de leur mouvement. Un de leurs anciens ministres, François Legault, est parmi les premiers promoteurs de cette idée. La décision d'une partie de l'électorat francophone de déserter le Bloc québécois, lors des élections du 2 mai 2010, et de lui préférer le Nouveau Parti démocratique fut un coup de semonce. Il a été suivi par des démissions bruyantes au sein de la députation péquiste actuelle, et non des moindres.

Au-delà de cette crise, grave, du mouvement souverainiste, pourquoi ne faut-il pas fredonner la chanson de la mort prochaine de l'idée indépendantiste ? À cause du « courant-jet ».

1. Le courant-jet de la souveraineté

Le courant-jet dont vous parlent les météorologues est une des variables structurelles du temps qu'il fait. On ne le voit pas, mais il conditionne la pluie et le beau temps. Il y a, de même, un courant-jet de la souveraineté du Québec. Un mouvement sous-jacent qui en détermine, de loin, l'évolution. On ne le voit pas dans les évolutions conjoncturelles de l'intention de vote souverainiste. Il travaille en profondeur. Dans l'évolution de l'identité québécoise.

En bref, plus les Québécois se définissent comme « Québécois » plutôt que « Canadiens », plus ils seront nombreux à appuyer la souveraineté lors d'un référendum. En 1980, moins de 40 % des Québécois se disaient « Québécois d'abord » – ils furent 40 % à voter Oui. En 1995, on comptait 50 % de « Québécois d'abord ». Résultat référendaire : 50 %.

Voyez ce qui constitue, à mon avis, le graphique le plus important qui soit pour comprendre l'évolution du couple identité/souveraineté depuis les années 1960.

Évolution de l'identité des francophones du Québec de 1970 à 2010

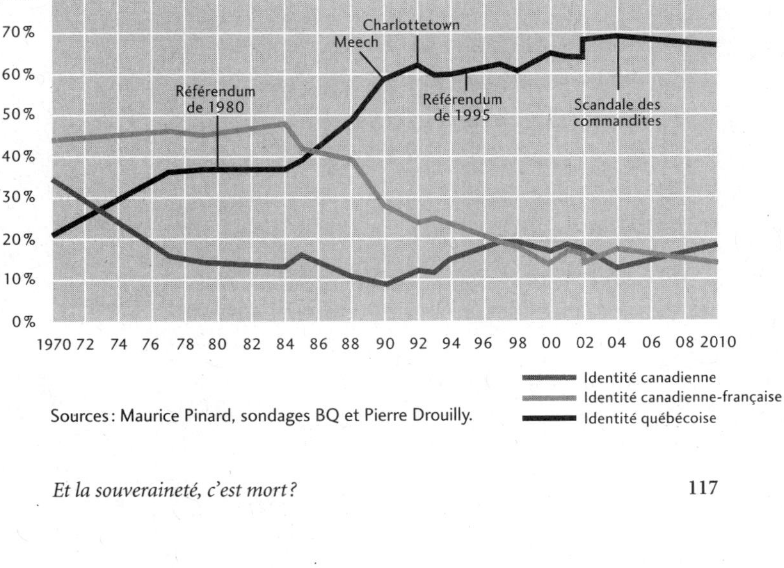

Sources : Maurice Pinard, sondages BQ et Pierre Drouilly.

Cette corrélation forte n'apparaît pas dans les sondages d'intention de vote référendaire. Elle surgit lorsque la question est effectivement posée aux Québécois. Lorsqu'une campagne référendaire concentre leur attention sur cette seule question.

Or, ce mouvement s'accélère. Selon des données publiées dans *The Gazette* le... 28 décembre 2010 ! – et passées complètement inaperçues dans les médias francophones –, l'identité québécoise a atteint, en novembre 2010, un niveau historique de 60 % !

Le sondage Léger Marketing réalisé pour le compte de Jack Jedwab, de l'Association d'études canadiennes, atteste cette montée et confirme une tendance visible depuis plus de dix ans.

Voici le tableau que j'ai fait à partir des sondages CROP sur une question quasi identique de 1998 à avril 2009 et des sondages Léger/Jedwab de janvier 2009, septembre 2010 et décembre 2010.

Identité des Québécois

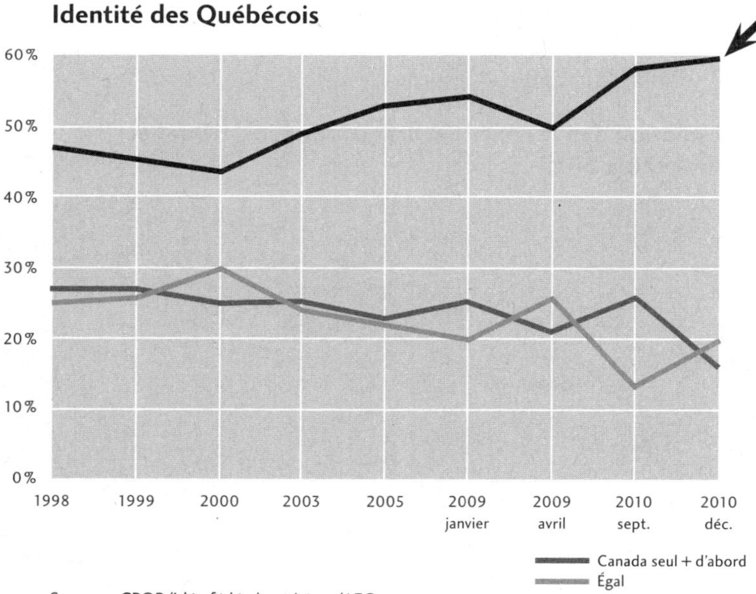

Sources : CROP/Idée fédérale et Léger/AEC.

En gris foncé : les répondants qui se disent « Canadiens seulement » ou « Canadiens d'abord ». En gris clair, ceux qui se disent à la fois Canadiens et Québécois. Et en noir : ceux qui se disent « Québécois seulement » ou « Québécois d'abord ».

Ce tableau appelle plusieurs remarques. D'abord, il indique que la barre des 50 % a été franchie en 2004, à la fois dans les sondages CROP et les sondages Léger. Donc, l'identité québécoise est majoritaire dans la totalité de l'opinion québécoise (et pas seulement francophone) depuis maintenant sept ans.

Ensuite, il reste 20 % de répondants qui disent avoir les deux identités à la fois. Or, le choix « à la fois » n'apparaîtra pas dans un référendum sur la souveraineté. Il est donc certain qu'une proportion non nulle de ces 20 % se reportera, lors d'un choix forcé, du côté de l'identité québécoise.

Ma conclusion est nette. Si, lors du référendum de 1995, l'identité québécoise avait été à ce niveau, il ne fait aucun doute que l'option du Oui l'aurait emporté avec une marge confortable.

Évidemment, si on se concentre sur les seuls francophones, le tableau est encore plus frappant. Ils se définissent comme suit :

- Canadiens seulement : 1 % ;
- Canadiens d'abord : 7 % ;
- Également Canadiens et Québécois : 20 % ;
- Québécois d'abord : 40 % ;
- Québécois seulement : 31 % ;

« La réalité, a dit Jedwab à *The Gazette*, est que 31 % des Québécois francophones se considèrent comme Québécois seulement. Pour moi, il s'agit d'une minorité signifiante qui éprouve un très fort sentiment de détachement envers le Canada. »

La situation est également plus nette lorsqu'on décompose les résultats par groupe d'âge. Jedwad commente : « Ce qui m'inquiète est que la totalité des moins de 65 ans se sent très détachée du Canada. » Jack Jedwab est, comme chacun le sait, un fédéraliste convaincu. Il a de bonnes raisons d'être inquiet. (Et je le remercie d'avoir partagé ses données avec moi.)

2. Les jeunes, plus québécois que jamais

Vous connaissez la rengaine : les jeunes Québécois sont « ailleurs », l'indépendance était le rêve des *baby-boomers*, la souveraineté n'est plus pertinente pour une génération branchée sur le monde. On nous l'a beaucoup servie à la fin des années 1980, puis à la veille du référendum de 1995, puis sans discontinuer depuis 2000.

C'était faux à chacun de ces moments. C'est encore plus faux aujourd'hui.

On vient de voir que les Québécois dans leur ensemble s'identifient désormais à 60 % comme « Québécois seulement » ou « Québécois d'abord ». Il s'agit d'un record historique, 20 points plus élevé qu'au référendum de 1980 et 10 points plus élevé qu'à celui de 1995.

Or, chez les 18-24 ans, cette auto-identification québécoise atteint 68 %. Pour le reste, 13 % se disent également Canadiens et Québécois et seulement 14 % se disent « Canadiens d'abord » ou « Canadiens seulement ».

Chez les francophones de 18 à 24 ans, le taux est de 77 % (13 % « à la fois Canadiens et Québécois » et 8,4 % « Canadiens d'abord » ou « Canadiens seulement »).

3. On s'attache au Québec, on se détache du Canada

Ces chiffres attestent la très claire « décanadianisation » qui s'opère dans toute la société québécoise, mais en particulier chez les plus jeunes Québécois. Certes, plusieurs jeunes ne « vibrent » pas sur la corde nationaliste québécoise. Mais c'est parce qu'ils ont intégré la « québécitude ». C'est leur état normal.

La « canadianité », elle, n'est plus leur état normal – elle l'est de moins en moins. Et s'ils doivent un jour choisir entre Québec et Canada, il est évident que les liens qui ont retenu leurs parents et grands-parents à l'univers canadien sont très étiolés dans la nouvelle génération.

En plus de poser cette question d'auto-identification, Jack Jedwab a décomposé l'« attachement » des répondants à plusieurs éléments : le monde, le Québec, le Canada, etc.

Voici d'abord le palmarès de ceux qui se sont dits « très » et « assez » attachés à ces éléments, chez la totalité des 18-24 ans du Québec, de toutes langues. (Notez, ils n'avaient pas à choisir entre les mentions, ils pouvaient les indiquer toutes s'ils le désiraient.)

Voici la proportion des Québécois de 18 à 24 ans qui se disent « très » et « assez » attachés :

- à leur religion : 22 % ;
- à leur groupe ethnique : 50 % ;
- au Canada : 53 % ;
- à leur ville : 79 % ;
- au monde : 79 % ;
- au Québec : 81 % ;

4. Un autre progrès : l'estime de soi économique

En juin 2009, alors que la crise économique déclenchée l'automne précédent faisait craindre le pire, le nouveau groupe Idée fédérale, animé entre autres par André Pratte, a demandé à CROP de poser aux Québécois une question qui allait révéler au grand jour le talon d'Achille du mouvement souverainiste : la crainte économique des Québécois, leur sentiment d'infériorité, leur absence d'estime de soi.

La question était celle-ci :

> Dans le contexte actuel de crise économique, croyez-vous que, si le Québec était un pays indépendant, il s'en tirerait mieux, moins bien ou s'en tirerait à peu près de la même façon que s'il demeurait au sein du Canada ?

J'aurais parié, comme les auteurs de la question sans doute, que la réaction québécoise serait massive : heureusement que nous sommes protégés par

Un Québec indépendant ferait-il mieux dans la crise ?

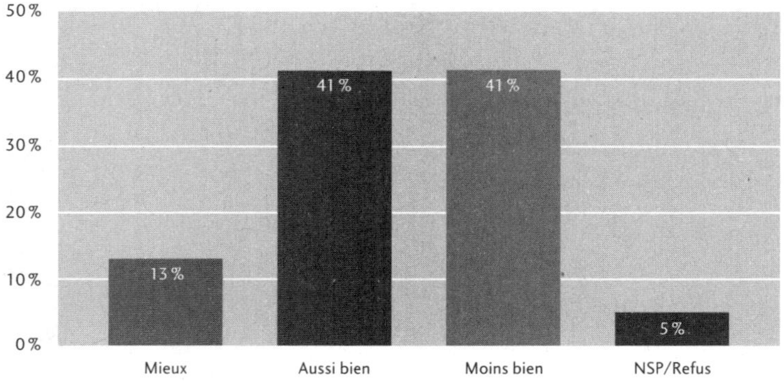

Source : CROP/Idée fédérale.

le bouclier économique canadien dans la tourmente actuelle ! J'ai été très agréablement surpris par les résultats – une réaction sans doute diamétralement opposée à celle des commanditaires du sondage.

Donc, en pleine crise économique et malgré un long conditionnement quant à leur incurie économique congénitale, les Québécois affirmaient à 55 % que le Québec s'en tirerait « mieux » (14 %) ou « aussi bien » (41 %) dans la crise économique s'il était indépendant.

C'est capital, car la crainte face à l'avenir économique d'un Québec souverain fut LE facteur de la défaite du Oui en 1995. Dans les sondages postréférendaires que nous avions alors effectués (j'étais alors au bureau de Jacques Parizeau), les arguments économiques étaient identifiés par les francophones ayant voté Non comme les plus importants dans leur prise de décision.

Cette crainte n'opère plus, ou alors beaucoup moins. D'autant qu'un autre cap statistique est franchi : il y a désormais moins de chômage au Québec qu'en Ontario ou aux États-Unis. Et le Québec a effectivement traversé la crise avec moins d'avanies que le reste de l'Occident – en particulier ses voisins ontariens et américains.

De même, dans un sondage réalisé pour le Bloc québécois effectué au printemps 2010, une même proportion de Québécois (55 %) a affirmé que le Québec a « le capital financier et les ressources pour devenir souverain ». Troisième pièce à conviction : un sondage CROP déjà cité, également effectué au printemps 2010, pour l'émission *Le Verdict* de Radio-Canada. On a demandé aux Québécois s'ils jugent le Québec dans une situation « comparable » (52 %), « avantageuse » (20 %) ou « moins avantageuse » (28 %) comparativement aux autres pays industrialisés.

Compte tenu du discours de la droite sur les ratés du modèle québécois – et en pleine campagne de presse sur « le Québec dans le rouge » –, il est simplement héroïque que 72 % des Québécois au total jugent que le Québec est dans une situation aussi bonne ou meilleure que des pays comparables.

En un mot : le Québec se détache du sentiment d'infériorité économique qu'il a toujours traîné comme un boulet.

Et ma conclusion est claire : si les Québécois avaient affiché, lors du référendum de 1995, leur niveau actuel d'estime de soi économique, il ne fait aucun doute que l'option du Oui l'aurait emporté avec une marge significative.

5. Un prédicteur, pas une affaire conclue

Ces nouvelles sont évidemment très bonnes pour la souveraineté. La montée de l'identité québécoise et l'étiolement du lien canadien sont des conditions nécessaires, mais non suffisantes de son futur succès.

À mon avis, dans l'écheveau de toutes les variables en jeu, il faut dégager trois éléments principaux.

a) L'accélérateur

Il s'agit des progrès de l'identité québécoise. C'est ce qui porte, principalement, vers la décision de se choisir un pays qui concorde avec son identité.

b) Le frein

Globalement, le frein constitue le sentiment d'infériorité, surtout économique, hérité de l'histoire. Ce sentiment est en train de disparaître.

c) *Le bouchon*

Cet élément est tiré de l'expérience politique vécue par les électeurs. L'échec des deux premiers référendums a convaincu une partie significative des Québécois, y compris parmis les souverainistes, que le projet est voué à l'échec. Leur sentiment s'exprime comme suit :

– la peur légitime de l'échec du vote référendaire ; « Puisqu'il n'y a pas eu de majorité les deux premières fois, il n'y en aura jamais. Les Québécois sont comme ça. Alors, à quoi bon… » ;

– la peur légitime de l'échec de la transition ; « Même si on vote Oui, le fédéral va tout faire pour nous empêcher de réaliser la souveraineté [c'est exactement ce à quoi sert la loi C-20], et les Québécois vont se dégonfler. Alors, à quoi bon… ».

Toute nouvelle stratégie souverainiste doit prendre en compte ces peurs.

Il faut savoir aussi que, bien que les éléments structurants du vote souverainiste se déplacent en faveur du Oui (davantage d'accélération, moins de frein), le thème de la souveraineté est très loin d'être au cœur des préoccupations des Québécois.

C'était le cas lorsque Jacques Parizeau a pris le pouvoir en septembre 1994. Il a fallu un effort colossal pour remettre la souveraineté au centre du jeu. Les militants souverainistes d'aujourd'hui, qui baignent dans cette question constamment, sous-estiment généralement l'ampleur de cette difficulté. Elle est surmontable, comme le montre l'exemple de 1994-1995. Mais on doit savoir qu'il faut la surmonter.

6. La volonté politique

Ces éléments importants ne sont rien, évidemment, sans le maintien puis l'émergence d'une volonté indépendantiste populaire, dirigée par une intelligence politique, stratégique et tactique, au sommet. Les événements de 2010 qui ont fragmenté le mouvement souverainiste et affaibli son principal véhicule, le Parti québécois, posent évidemment un très grand défi aux militants et aux élus de ce parti.

L'accès du Québec à la souveraineté n'est pas inscrit dans l'histoire. Il sera toujours le fruit d'un effort politique majeur, d'un volontarisme qui, s'il veut limiter le risque de l'échec, ne sera pas tétanisé par ce dernier.

Les conditions dans lesquelles se déploiera cet effort sont importantes. L'identité et l'estime de soi économique sont des indicateurs immensément plus sûrs que les variations des intentions de vote en cas de référendum (variations qui se trouvent depuis dix ans dans une fourchette nettement plus haute que lors du précédent « entre-deux référendums ») ; bien plus encore que la prédiction de souveraineté qu'on demande parfois à l'opinion publique de faire. Après tout, en 1990, la majorité affirmait la souveraineté imminente. Elle avait tort. Aujourd'hui qu'elle affirme qu'elle n'arrivera pas, pourquoi aurait-elle davantage raison ?

L'identité québécoise et l'estime de soi économique sont les deux piliers d'une future majorité indépendantiste. En 1980 et en 1995, ces piliers ne s'élevaient pas assez haut pour nous porter au-delà de la barre majoritaire. Ils ont grandi depuis. Ils pointent vers l'avenir. C'est une bonne nouvelle.

7. Gauche, droite et souveraineté

L'histoire n'est pas regardante quand vient le temps de nourrir politiquement les mouvements indépendantistes. Au sud de notre frontière, l'indépendance fut une révolte de commerçants contre le monopole britannique.

En Amérique latine, tous les mélanges sociaux furent mis en œuvre : aristocratie locale, populisme, révoltes d'agriculteurs. Au Vietnam, le nationalisme était communiste. Ailleurs, il s'est nourri de l'extrême droite.

Au Québec, malgré des antécédents nationalistes de droite avant 1960, le mouvement indépendantiste moderne s'est constitué au centre-gauche, au début de la Révolution tranquille, dans le creuset de la contestation des ordres établis – anglophones, cléricaux, patronaux, multinationaux.

Le très pragmatique René Lévesque avait compris très tôt que l'effort de rassemblement nécessaire pour faire passer le Québec du statut de province à celui de pays exigeait de son nouveau parti qu'il ne soit prisonnier d'aucune idéologie.

Il refusa donc de se lier de trop près, contrairement à ce qu'avait fait le NPD, par exemple, aux syndicats qui constituaient pourtant sa principale base

Sur le programme du PQ de 1970, Lévesque envoyait des signaux. Au recto, son voisin est l'ex-créditiste Gilles Grégoire. Au verso, un professeur Parizeau, qui n'a rien d'un gauchiste, promet une « administration saine, dynamique et efficace ».

militante. Il exprima sa position plus largement, dans son habile formule du « préjugé favorable aux travailleurs ».

Mais Lévesque tendit la main également vers la droite, et la fondation du PQ se fit par la fusion du Mouvement souveraineté-association, de Lévesque, avec le Ralliement national, créditiste, clairement campé dans la droite rurale populiste.

Il faut aussi rappeler que Lévesque a beaucoup regretté que le jeune fiscaliste marié à la richissime famille Simard, un certain Robert Bourassa, refuse au dernier moment de se joindre à lui.

Ces choix étant faits, il faut encore saluer le pragmatisme de Pierre Bourgault, alors chef du très socialiste Rassemblement pour l'indépendance nationale, qui saborda son parti pour que ses militants rejoignent, sans conditions, un PQ qui tenait à se présenter sous les couleurs d'une coalition.

Bourgault, comme Lévesque, savait qu'il fallait rassembler, et non diviser, pour progresser. Le centre de gravité du PQ allait donc être au centre-gauche, mais son équipe allait toujours faire une place à une aile de centre-droit. Cette cohabitation allait être parfois malaisée, mais le plus souvent féconde, comme en témoignent plusieurs programmes péquistes de relance économique pilotés par des personnalités de centre-droit : Rodrigue Biron, Daniel Paillé.

Les membres de la coalition venus de la droite se savaient en minorité, comprenaient que cette position était systémique, mais menaient leurs batailles dossier par dossier, avec suffisamment de victoires (pragmatisme fiscal, appui au libre-échange avec les États-Unis, etc.) pour les satisfaire et se maintenir dans la coalition.

Cet équilibre, qui peut prendre plusieurs formes, a permis à l'idée souverainiste de partir de 6 % d'appui au début des années 1960 pour atteindre 50 % au référendum de 1995. C'est la seule formule gagnante.

8. Parizeau, homme de gauche ?

On l'oublie aujourd'hui, compte tenu de la *prébéatification* dont il est l'objet dans le mouvement souverainiste, y compris à gauche, mais l'arrivée du grand bourgeois Jacques Parizeau, diplômé de Londres et professeur aux HEC, dans l'orbite de Lévesque ne fut pas perçue comme une infusion de gauchisme, bien au contraire.

Lorsque le PQ prit le pouvoir en 1976, la *Pravda* soviétique qualifia le parti de « petit-bourgeois ». Le ministre des Finances Parizeau rétorqua : « Pourquoi petit ? » (Vrai, avant 1976, il avait eu un – bref – flirt avec l'idée d'autogestion, ce mode d'organisation des entreprises où les salariés sont les patrons.) De 1976 à 1984, Jacques Parizeau incarna, avec d'autres, dont la recrue de l'Union nationale Rodrigue Biron, l'aile droite d'un Parti québécois alors très actif au centre-gauche : protection du consommateur, assurance automobile, zonage agricole, etc.

Je me souviens d'ailleurs, étudiant de gauche, avoir manifesté contre « le budget des banques » du ministre Parizeau, début 1978.

Devenu premier ministre en 1994, M. Parizeau était très conscient de l'absolue nécessité d'élargir la coalition souverainiste – dans toutes les directions idéologiques.

Avec les Partenaires pour la souveraineté, auxquels il tenait beaucoup, il a consolidé et étendu l'effort sur son flanc gauche – jusqu'à Françoise David et au-delà. Mais il fut également actif pour aller recruter à droite, par le mécanisme des Commissions sur l'avenir politique et constitutionnel du Québec, des anciens ministres conservateurs de Mulroney –

Marcel Masse, Monique Vézina –, des anciens libéraux et autant d'entrepreneurs que possible.

La présence, dans la coalition référendaire, d'un ancien ministre conservateur, un certain Lucien Bouchard, et du jeune chef d'un parti de centre-droit, Mario Dumont, n'est pas pour rien dans le fait que la plus grande coalition de l'histoire du Québec ait porté la nation au seuil de la souveraineté le soir du 30 octobre 1995.

9. La coalition souverainiste, aujourd'hui et demain

Il y a deux façons d'aborder la reconstruction d'une coalition souverainiste dans la phase historique qui s'ouvre. On peut, comme René Lévesque et Jacques Parizeau, s'ancrer au centre-gauche mais accueillir le centre-droit.

Ou on peut adopter l'attitude d'un des porte-parole autodéclarés de la gauche péquiste, Pierre Dubuc, du SPQ Libre, qui a d'abord considéré comme « non indépendantiste » une garde montante d'intellectuels souverainistes conservateurs, dont l'historien Éric Bédard et l'auteur Mathieu Bock-Côté. Ce qui est à la fois faux et blessant pour ces partisans de la souveraineté.

D'autres souverainistes de droite, le patronal Daniel Audet, le populiste Richard Martineau, contribuent à leur façon au débat public. On rencontre maintenant dans le privé une génération de quadragénaires ayant réussi, ne vibrant pas aux thèmes syndicaux, mais souhaitant l'avènement d'un Québec souverain. Il faut, oui, leur montrer la porte. Mais la porte d'entrée.

Il faut donc se demander quels sont les thèmes qui permettraient le mieux de rassembler la coalition quasi gagnante de 1995 sur une base au moins légèrement plus large. (Car elle n'était que quasi gagnante!)

Cela tombe bien, car des thèmes imposés par l'actualité, et qui devraient être au cœur de la prochaine campagne électorale, sont éminemment rassembleurs.

a) La propreté

Les électeurs de toutes tendances jugeront le PQ à sa capacité à proposer un grand ménage dans l'attribution des contrats, le financement des partis, l'évasion fiscale, le travail au noir, ainsi qu'un réel effort de renouvellement du lien entre les citoyens et la politique.

b) L'identité

Depuis 2002, les Québécois sont engagés dans un grand débat sur les règles de leur vivre-ensemble – accommodements raisonnables, laïcité, défense de la langue française. Le PLQ a été incapable d'y répondre. François Legault y accorde peu d'importance. Le PQ, lui, s'est outillé pour offrir une réponse vigoureuse à ce défi, réponse qui motive à la fois sa base progressiste et son aile droite.

c) La souveraineté

C'est par définition l'élément rassembleur dans la coalition.

Le PQ proposera évidemment d'apporter un certain nombre d'améliorations au modèle québécois dont il hérite et qu'il défend.

Mais une partie de cet héritage à reconstruire est un nouveau nationalisme économique, portant en particulier sur un renforcement du rôle de l'État dans la participation ou l'encadrement des ressources naturelles et de l'énergie, sur un rôle plus actif de la Caisse de dépôt et placement du Québec dans le développement économique de la nation et sur des stratégies de maintien du contrôle québécois de nos fleurons économiques. Les souverainistes de droite en sont globalement preneurs.

Le PQ ne doit dans aucun cas s'empêcher d'avancer des propositions progressistes. L'aile droite n'a jamais eu droit de véto sur les avancées sociales. Cependant, l'occasion est belle, en ces temps de déficit et d'endettement préoccupants, de définir des **propositions importantes de saine gestion** de l'État, d'**amélioration continue de la qualité des services**, en partenariat avec les artisans du secteur public (et non contre eux), de **plus grande flexibilité**.

Le PQ ne doit en aucun cas laisser à d'autres les flambeaux de la saine gestion, de l'innovation et, oui, de la création de la richesse. Le PQ doit incarner ces méthodes, qui servent son objectif : un pays plus juste, prospère, solidaire et vert. Il y a là un chantier sur lequel peuvent travailler, de façon pragmatique et féconde, les réformistes progressistes et de centre-droit.

On ne peut certes pas prétendre savoir, aujourd'hui, quelle sera la conjoncture au moment du déclenchement des prochaines élections. Mais, à observer les thèmes qui s'imposent maintenant au débat public, et que je viens d'énumérer, on constate que les conditions pour réunir cette coalition sont, malgré les récentes avanies, toujours présentes parmi ceux qui croient que la souveraineté est possible.

S'il arrive à convaincre les Québécois sur ce point, comme sur les autres, le PQ ravivera l'intérêt porté aux « ex-et-futurs » lucides, et il créera les conditions d'une coalition qui n'aurait déplu ni à Lévesque, ni à Bourgault, ni à Parizeau.

Conclusion

LA MONTÉE DE LA DROITE ? UNE ILLUSION D'OPTIQUE

C'est dans tous les journaux : la droite québécoise monte. Un demi-millier de libertariens en liesse à Québec à l'automne 2010, plus encore à Montréal en avril 2011. Un nouveau parti de centre-droit autour de François Legault. Des sondages qui montrent que des idées de droite sont reprises par l'opinion publique. La cause est donc entendue. À droite toute !

Toute ? Non. Mettez-moi sans hésiter dans le camp des dubitatifs (ou des « libertaro-sceptiques »). À mon avis, cette démonstration reste à faire. Car il y a le bruit. Il y a les choses. Certes, le bruit de droite monte. Mais les faits sont plus têtus que le bruit. Étudions posément les données disponibles.

LE BRUIT : LE VOLUME DE LA DROITE MONTE

Qu'en 2011 la droite, notamment libertarienne, soit plus audible que jamais me semble indubitable. Un des précurseurs du mouvement, Martin Masse, conseiller du député et ministre Maxime Bernier, le souligne dans un de ses écrits :

> Nos idées n'avaient pratiquement aucun écho dans les médias conventionnels avant l'arrivée d'Internet, pas seulement au Québec mais partout ailleurs, y compris aux États-Unis. Aujourd'hui, on les retrouve partout. Il se publie régulièrement dans le *Journal de Montréal* des textes qui n'aurait pu paraître que dans le *Québécois Libre* [organe libertarien dirigé par M. Masse] il y a dix ans.

Concernant le bruit, il faut additionner deux phénomènes.

D'abord la « libertarianisation » du *Journal de Montréal* et du *Journal de Québec*. À la faveur des lock-out, mais pas seulement, les chroniqueurs de gauche des deux grands quotidiens sont partis – décès de Pierre Bourgault, départ de Franco Nuovo, démission du social-démocrate de centre Bernard Landry, de Marie-France Bazzo et de Julius Grey : lock-out des plumes économiques centristes.

Richard Martineau, de droite populiste, est resté, tout comme Nathalie Elgrably-Lévy, devenue plus libertarienne qu'avant – victime de « sarahpalinisation » (elle a écrit qu'Obama était un « imposteur » et qu'il imposait la « tyrannie » à son pays). Éric Duhaime et David Descôteaux, libertariens, se sont installés.

Ces plumes sont en quelque sorte le reflet québécois de la radicalisation de la droite conservatrice canadienne, elle-même écho de la course vers la droite du Parti républicain américain.

Ces deux grands vecteurs d'opinions, le *Journal de Montréal* (lu, paraît-il, par 58 % des francophones de la région montréalaise) et le *Journal de Québec*, ont donc considérablement penché vers la droite, alors même que TVA lançait une campagne continue contre l'État québécois, la fonction publique, les services publics et le syndicalisme, avec sa bannière *Le Québec dans le rouge*. (Note : ils versent d'intéressantes pièces au dossier, mais toujours du même côté de la balance.)

Ensuite, la radio de Québec, traditionnellement anti-élitiste et toujours à la recherche de voix rebelles, s'est montrée très perméable à ces porte-parole libertariens et reprend leurs discours. Mon ami Éric Duhaime, véritable stakhanoviste des ondes, déborde de Québec et est maintenant l'invité régulier de son ancien patron, Mario Dumont, sur les ondes de son émission de télé quotidienne sur V.

Pas étonnant, donc, qu'on les entende davantage. Mais au-delà du bruit, quoi ? Je souligne, pour ceux qui n'étaient pas là dans les années 1970, que le discours marxiste était à l'époque extrêmement présent dans le débat public. Les maoïstes réunissaient régulièrement, non pas 500 personnes, comme les libertariens d'aujourd'hui, mais plusieurs milliers dans des salles et dans des manifs. Les médias traditionnels leur étaient fermés, mais l'hebdo *Québec Presse*, puis le quotidien *Le Jour* – abonné à l'agence de presse cubaine – véhiculaient un discours de gauche dure. L'opinion n'en est pas devenue communiste pour autant.

Et les idées de droite dans l'opinion publique ?

Y a-t-il illusion d'optique ? Les thèmes de droite sont-ils vraiment en progression dans la pensée politique des Québécois ?

Ces derniers mois, des coups de sonde impressionnistes sont venus alimenter le débat. On apprenait par exemple en novembre 2010, dans *Le Devoir*, que 31 % des Québécois s'auto-identifiaient de gauche, 27 % de droite et 35 % ne le savaient pas.

C'est une photographie – avec une pluralité à gauche, une concentration massive au centre et un tiers d'indécis –, mais ce n'est pas un film. Cela ne nous dit absolument rien sur la « montée » de quoi que ce soit.

Et avec 31 % d'auto-identification à gauche, nous sommes à risque de nous faire expulser du continent par le Tea Party, si un de ses candidats devenait président.

Testant des thèmes de droite et de gauche, le sondage nous apprend que les Québécois mettent en tête des choix à effectuer la réduction de la taille de l'État (mentionnée par 44 % des répondants). Indubitablement de droite. La distribution des autres réponses rend cependant perplexe : 29 % veulent davantage de privé en santé (une position présente dans l'opinion depuis au moins dix ans), mais 23 % en veulent moins.

Un vrai recul : le respect pour l'entreprise privée

Ce qui est plus notable est la régression apparente de la confiance envers l'entreprise privée : 23 % des Québécois veulent réduire la latitude de l'entreprise dans le domaine des ressources naturelles (donc, avoir plus d'État), et seulement 5 % épousent la position de droite, c'est-à-dire lui laisser davantage de latitude.

Lorsqu'on mesure l'évolution de l'opinion sur une plus longue période, on est d'ailleurs frappé par le désenchantement québécois envers le patronat. Un autre sondage Léger Marketing de septembre 2010 sur la perception des professions a montré que les « gens d'affaires » n'avaient plus la confiance que de 36 % des Québécois.

On est loin de la fierté que nous inspirait la garde montante dans les années 1980 et 1990. Nos concitoyens font davantage confiance aux enseignants syndiqués (85 %), aux facteurs, aux artistes, aux plombiers et même aux chiropraticiens qu'à ceux qui constituent, pour la droite, les véritables créateurs de toutes les richesses. Les syndicalistes, il est vrai, ne sont qu'à 19 % – une surprenante hausse de 6 points depuis l'année précédente ! Ils sont donc, eux, en montée, mais partent de très bas !

Une « amirkhadirisation » du Québec ?

Dans un excellent billet de novembre 2010, *Les Québécois en rogne contre l'entreprise privée ?*, le journaliste économique Pierre Duhamel, de droite classique, parle d'« amirkhadirisation » du Québec, pas de montée de la droite. Et ce n'est pas pour s'en féliciter.

Il est d'ailleurs étonnant qu'on puisse diagnostiquer une montée des idées de droite dans une nation qui choisissait récemment le député socialisant Amir Khadir comme la figure politique la plus populaire au Québec.

L'Institut économique de Montréal a commandé son propre sondage à l'automne 2010 sur l'équilibre budgétaire et la taille de l'État. Concluant, ce sondage ? Oui, selon le *Journal de Montréal*, qui a titré « Des contribuables lucides ». Eh oui ! Selon le vice-président de l'Institut, Jasmin Guénette, sautant sur la majorité de 51 % qui disait souhaiter un retour à l'équilibre budgétaire dès 2011, plutôt qu'en 2013, comme le prévoit Québec. Il affirme : « Ça montre que les gens veulent avoir des finances saines et le plus rapidement possible. L'échéancier fixé par le gouvernement est donc trop long. »

Pierre Duhamel a été moins tendre envers la lucidité présumée des Québécois. Je le cite :

> Selon ce sondage, nous serions une majorité à souhaiter un retour à l'équilibre budgétaire dès 2011. Comment

effacer ce déficit tout de même prévu de [4,5] milliards de dollars ? Rien ne serait plus simple. Il suffit de réduire les dépenses, répondent 81 % des répondants. Je trouve ça vraiment bête que le gouvernement n'y ait pas pensé avant !

Comment réduire ses dépenses ? Pas en coupant les salaires dans la fonction publique, car il y a 50 % des répondants qui trouvent acceptables les hausses de salaires de 7 % sur cinq ans accordées aux employés de l'État [...]. Il faudrait par contre diminuer les impôts, disent souhaiter 48 % des répondants. Les réductions d'impôts ont de grandes vertus, mais pas de réduire à court terme les déficits de l'État.

Pire, un groupe aussi nombreux (45 % des Québécois) veut de nouveaux investissements publics pour créer de l'emploi [...].

Récapitulons. Il faut couper [4,5] milliards de dépenses en un an. Tout en augmentant les salaires des employés de l'État et en réduisant les impôts ou en augmentant les dépenses publiques pour stimuler l'économie. Ce n'est pas d'un ministre des Finances que le Québec a besoin, mais d'un magicien ! Alain Choquette, où êtes-vous ?

J'ajouterais : idées de droite, où êtes-vous ? On voit bien que les Québécois tirent dans toutes les directions. Ils souhaitent un État présent, des fonctionnaires bien payés (mais moins nombreux), veulent garder le filet social. Ils sont comme les manifestants de la ville de Québec, défilant un temps pour le rapetissement de l'État, puis peu après pour un investissement public massif dans un aréna.

Une indication plus concrète

Mais puisque l'opinion nous envoie des signaux si contradictoires, y aurait-il une autre façon de tester concrètement un changement de comportement québécois pour percevoir une dérive vers la droite ?

S'il y a un clou sur lequel toute la droite tape, c'est bien celui du syndicalisme. Rien ne lui est épargné, et avec les cols bleus de Montréal qui sont constamment l'objet de critiques, ainsi que les tactiques musclées de la FTQ-Construction, le mouvement syndical génère lui-même sa publicité négative.

Si le message antisyndical perce, on devrait pouvoir observer une baisse de la syndicalisation au Québec au cours de la dernière décennie.

Taux de syndicalisation au Québec de 1999 à 2009

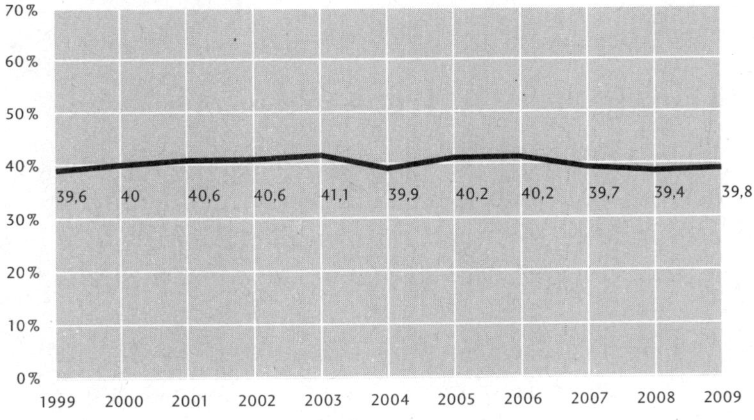

Source : Statistique Canada.

Cette remarquable stabilité du taux, très élevé, de syndicalisme au Québec est d'autant plus remarquable qu'on assiste à une baisse de l'emploi manufacturier – très syndiqué – et à une augmentation dans le privé du secteur des services – beaucoup moins syndiqué –, alors que s'accroît le taux d'activité, donc le nombre d'individus qu'il faut syndiquer pour maintenir le taux de syndicalisation.

Cela signifie que les Québécois choisissent de demeurer syndiqués ou de le devenir dans le redéploiement que connaît l'économie, et à contre-courant des signaux antisyndicaux émis par toute la droite québécoise.

En comparaison, sur la même période, le taux de syndicalisation a chuté de 35,7 à 31 % en Colombie-Britannique, ce qui démontre bien que la chose est possible. Le taux est resté stable en Ontario. (Je ne parle pas des États-Unis, car la chute du taux, là-bas, est due à une honteuse campagne patronale contre le droit d'association.)

Ce graphique québécois est à lui seul le témoin d'un échec total de la droite québécoise dans le Québec qui travaille.

Les faits : la droite, combien de divisions ?

Redonnons la parole à Martin Masse, qui vit cette aventure de l'intérieur. Il fait preuve de lucidité et a intitulé opportunément son billet *Montée de la « droite » au Québec : la partie est loin d'être gagnée.*

> Il faudrait cependant éviter de crier trop vite victoire. Ce n'est pas la première fois qu'un discours critique envers l'interventionnisme étatique semble avoir le vent dans les voiles. Il y a une douzaine d'années, le Québec a connu une vague de remise en question du « modèle québécois ». Cette vague a alimenté le succès temporaire de deux politiciens qui tenaient un discours vaguement réformiste : Mario Dumont et Jean Charest. On sait ce qui leur est arrivé depuis.
>
> Nous voici plus d'une décennie plus tard. La situation a évolué dans le bon sens sur le plan des idées, mais on fait du surplace ou on a même régressé sur le plan politique.

Il a raison. La droite a régressé sur le plan politique. Les votes et intentions de vote sont, c'est certain, la résultante d'un grand nombre de variables. Mais ils sont, en dernière analyse, les thermomètres des idées.

La tendance est difficile à lire au Québec, car le nouveau parti de François Legault, qui joue la carte de la saine gestion, mais propose davantage d'interventions de l'État dans l'économie, aspire beaucoup d'électeurs venant de tous les partis, y compris de Québec solidaire. Mais on observe qu'un parti résolument de droite, l'ADQ, a effectivement connu une progression lors des scrutins de 2003 (18 %) et surtout de 2007 (36 %), pour ensuite se dégonfler en 2008 (16 %). Difficile de conclure à l'enracinement d'une volonté de droite.

Au niveau fédéral, les tenants de la droite ont un choix clair. Le Parti conservateur de Stephen Harper livre la marchandise idéologique voulue. Il a atteint, en 2006, un sommet, avec 25 % du vote québécois. Il s'est replié à 22 % en 2008. Puis, le 2 mai 2011, les Québécois ont délaissé en masse le Bloc québécois, qui était leur valeur refuge depuis près de vingt ans. On aurait pu croire qu'ainsi libérés, les membres de la coalition souverainistes allaient se répartir à droite et à gauche. Pourtant, les conservateurs ont encore perdu des voix, terminant leur parcours à 17 %.

On le sait, 43 % des Québécois ont choisi le 2 mai 2011 de voter pour le NPD, représentant le centre-gauche canadien. Un parti proche des syndicats, favorable à l'intervention de l'État, déterminé à chasser le privé de l'ensemble du domaine public. Vrai, les Québécois n'ont pas, en votant NPD, avalisé le programme du parti, où figure le mot « socialisme ». Ils ont été convaincus de suivre un chef sympathique et courageux, Jack Layton.

Mais force est de constater que ce mouvement vers le NPD de Jack Layton n'a été en rien freiné par le tintamarre de droite dont les Québécois ont été la cible au cours de la dernière décennie. Même dans la ville de Québec, bastion de la droite, les électeurs n'avaient pas suffisamment intériorisé les thèmes néolibéraux pour s'empêcher de voter social-démocrate.

La droite vit donc aujourd'hui, au Québec, une régression politique. Elle ne baisse pas les bras pour autant. Elle continue à déployer ses arguments avec assurance et, souvent, avec arrogance. Le virus néolibéral, responsable de la crise de 2008 et maintenant à l'œuvre dans la crise de la dette, s'installe durablement dans l'univers politique américain et dans la majorité gouvernementale canadienne.

Le Québec résiste, ce qui est en soi un exploit. Dans un environnement idéologique de plus en plus hostile, il doit savoir, plus que jamais, s'immuniser contre les arguments de droite. Il doit le faire de deux façons : d'abord, en repoussant les mensonges et la désinformation – ce livre est ma contribution à cet effort –; ensuite, et surtout, en faisant avancer le Québec dans des voies autres que celles proposées par les néolibéraux. Contre les régressions qu'ils proposent, il faut répondre par le contraire de l'immobilisme. Il faut plutôt libérer ses énergies, déployer son ingéniosité, augmenter sa richesse matérielle et intellectuelle, ainsi qu'améliorer sa qualité de vie pour rendre le Québec, sur tous les plans, exemplaire.

REMERCIEMENTS

Plusieurs personnes plus compétentes que moi ont heureusement été mises à contribution pour la rédaction de cet ouvrage. Le lecteur l'aura remarqué, ce livre doit beaucoup à l'économiste de l'UQAM Pierre Fortin, qui a donné aux Québécois, ces dernières années, les outils de calcul nécessaires pour se faire une meilleure idée de leur richesse comparée réelle. Merci également à Denis Boudreau et David Bard, du bureau montréalais de Statistique Canada, qui ont répondu à plusieurs de mes demandes. Merci aussi au professeur d'économie du Collège Dawson, Charles-Albert Ramsay, et à mon ami Stéphane Gobeil.

Plusieurs des thèmes abordés ici l'ont d'abord été dans le magazine *L'actualité* ainsi que sur son site internet. Je suis redevable à son éditrice et rédactrice en chef, Carole Beaulieu, et à la rédactrice en chef web, Crystelle Crépeau, de m'avoir permis d'imposer chiffres et graphiques à un nombre surprenant de lecteurs.

Je revendique cependant les opinions et les errements qui ont pu se glisser dans ces pages étant, comme les Québécois, imparfait, mais, comparativement aux autres, pas si pire que ça !

SOURCES

On trouvera la liste des sources avec les liens internet actifs à l'adresse suivante : http ://bit.ly/ppYziC

Introduction
De quoi se flinguer !

Gagné, Mathieu et coll., *La Mortalité par suicide au Québec: données récentes de 2005 à 2009 – Mise à jour 2011*, Institut national de santé publique, 2011 [En ligne], http://www.inspq.qc.ca/pdf/publications/1204_Suicide2005-2009_MAJ2011.pdf

Organisation mondiale de la santé, « Suicide rates per 100,000 by country, year and sex (table) », 2011 [En ligne], http://www.who.int/mental_health/prevention/suicide_rates/en/#. Site consulté le 3 octobre 2011.

Aubin, Benoît, « Quelles "valeurs québécoises" ? », *Journal de Montréal*, 23 septembre 2011 [En ligne], http://fr.canoe.ca/infos/chroniques/benoitaubin/archives/2011/09/20110923-065700.html

Dubuc, Alain, *Éloge de la richesse*, Montréal, Les Éditions Voix parallèles, 2006, 336 p.

Montréal International. « Concentration d'emplois en haute technologie (%) – 2007. Top 20 des régions métropolitaines d'Amérique du Nord », 2010 [En ligne], http://www.montrealinternational.com/innovation-haute-technologie-emplois-en-haute-technologie/.

Noël, Alain et Jean-Philippe Thérien, *La Gauche et la Droite – Un débat sans frontières*, Montréal, Presses de l'Université de Montréal, 2010, 340 p.

Chapitre I
Les fausses affirmations de la droite

Affirmation 1 : Le Québec est économiquement médiocre.

Conseil du patronat du Québec, « Dévoilement du premier Bulletin de la prospérité du Conseil du patronat du Québec – Le Québec obtient une note médiocre en matière de prospérité et de création de la richesse », 18 août 2010 [En ligne], http://www.cpq.qc.ca/page/834-Devoilement-du-premier-Bulletin-de-la-prosperite-du-Conseil-du-patronat-du-Quebec-Le-Quebec-obtient-une-note-mediocre-en-matiere-de-prosperite-et-de-creation-de-la-richesse.

Affirmation 2 : Les Québécois ont un niveau de vie très faible, en comparaison de leurs voisins.

Lisée, Jean-François, « Réellement : les familles québécoises plus riches que les ontariennes ! », 13 janvier 2010 [En ligne], http://www2.lactualite.com/jean-francois-lisee/reellement-les-familles-quebecoises-plus-riches-que-les-ontariennes/7124/.

Fortin, Pierre et Jean-François Lisée, « Revenu : 99 % des Québécois font mieux que 99 % des Américains », *L'actualité*, janvier 2010 [En ligne], http://www2.lactualite.com/jean-francois-lisee/niveau-de-vie-think-big-quebec-vs-usa/7282/.

Affirmation 3 : Les Québécois ne sont pas travaillants.

Séguin, Marilou, « On ne travaille pas assez », *Journal de Montréal*, 20 octobre 2006 [En ligne], http://fr.canoe.ca/infos/dossiers/archives/2006/10/20061018-104004.html.

Information sur le marché du travail. *Le marché du travail au Québec – Perspectives à long terme 2010-2019*, 2010, p. 12 [En ligne], http://www.cetech.gouv.qc.ca/publications/pdf/Version_WEB_Perspectives_a_long_terme_2010_2019.pdf.

Ramsay, Charles-Albert, « On s'enrichit : le taux d'activité des jeunes Québécois dépasse celui des Ontariens », sur le blogue *L'Économie selon Albert*, 22 octobre 2010 [En ligne], http://www.caramsay.blogspot.com/2010/10/normal-0-false-false-false-en-us-x-none.html.

Affirmation 4 : Les Québécois ne sont pas productifs.

Statistique Canada, « Heures travaillées et productivité du travail dans les provinces et les territoires », 19 novembre 2010 [En ligne], http://www.statcan.gc.ca/daily-quotidien/101119/dq101119a-fra.htm.

Groupe de travail sur l'investissement des entreprises, *L'Investissement au Québec : on est pour*, 2008 [En ligne]. http://www.gtie.gouv.qc.ca/GTIE/index.asp.

Tremblay, Jacinthe, *Entretiens avec Henry Mintzberg : Comment la productivité a tué l'entreprise américaine*, Montréal, Éditions Curieuse Limitée, 2010, 151 p.

Affirmation 5 : Le Québec est le champion américain de la pauvreté.

Sarlo, Christopher A., *Measuring Poverty in Canada*, Vancouver, Fraser Institute, 2001, p. 38.

Ministère de l'Emploi et de la Solidarité sociale, *Le Québec mobilisé contre la pauvreté – Plan d'action gouvernemental pour la solidarité et l'inclusion sociale 2010-2015*, juin 2010 [En ligne], http://www.mess.gouv.qc.ca/publications/pdf/ADMIN_Plan_de_lutte_2010-2015.pdf.

Fortin, Pierre, « Quebec Society is less unequal », *Inroads*, 2009 [En ligne], http://inroadsjournal.ca/newsletter/2009/fall_fortin.html.

Affirmation 6 : Le Québec est un « enfer fiscal ».

Godbout, Luc et coll., *Année d'imposition 2008 : Une charge fiscale nette plus faible et des impôts sur le revenu plus élevés qu'ailleurs, est-ce possible ?*, Chaire de recherche en fiscalité et en finances publiques de l'Université de Sherbrooke, juin 2010.

Confédération des syndicats nationaux (CSN), *Analyse du coût de la vie des ménages : Comparaison entre Montréal et d'autres villes nord-américaines*, 10 janvier 2005, 44 p.

Affirmation 7 : Le haut taux de syndicalisme québécois est un boulet.

Bernhardt, Annette et coll., *Broken Laws, Unprotected Workers – Violations of Employment and Labor Laws in America's Cities*, 2009 [En ligne], http://www.nelp.org/page/-/brokenlaws/BrokenLawsReport2009.pdf?nocdn=1.

Commission des normes du travail, *Évaluation de l'application de certaines dispositions de la Loi sur les normes du travail – Analyse des résultats de l'enquête auprès des salariés non syndiqués*, mars 2005 [En ligne], http://www.cnt.gouv.qc.ca/fileadmin/pdf/enquetes-et-recherches/enquete.pdf.

Mishel, Lawrence et Matthew Walters, « How unions help all workers », *Economic Policy Institute*, 26 août 2003 [En ligne], http://www.epi.org/publication/briefingpapers_bp143/.

Affirmation 8 : Le Québec impose un fardeau trop lourd à ses entreprises.

Groupe de travail sur l'investissement des entreprises, *L'Investissement au Québec : on est pour*, 2008 [En ligne], http://www.gtie.gouv.qc.ca/GTIE/index.asp.

Ministère des Finances du Québec, *Profil économique et financier du Québec – Édition 2011*, juin 2011 [En ligne], http://www.finances.gouv.qc.ca/documents/Autres/fr/AUTFR_profil2011.pdf.

KPMG, *Choix concurrentiels : Le guide de KPMG sur le choix d'un emplacement où exercer ses activités – Édition 2010*, 2010 [En ligne], http://www.mmkconsulting.com/compalts/reports/2010_compalt_execsum_fr.pdf.

Affirmation 9 : Malgré les impôts élevés qu'ils paient, les Québécois n'en ont pas pour leur argent.

Comité consultatif sur l'économie et les finances publiques, *Le Québec face à ses défis, fascicule 1 : Des services publics étendus. Une marge de manœuvre étroite. De nouveaux défis à relever*, décembre 2009 [En ligne], http://www.gtie.gouv.qc.ca/Consultprebudg/2010-2011/media/pdf/le-quebec-face-a-ses-defis-fascicule-1.pdf.

Carbonneau, Claudette, « Le Québec que l'on veut grâce à la solidarité », *Le Devoir*, 16 décembre 2009 [En ligne], http://www.ledevoir.com/societe/actualites-en-societe/279376/libre-opinion-le-quebec-que-l-on-veut-grace-a-la-solidarite.

Affirmation 10 : Le Québec est infesté de fonctionnaires.

Statistique Canada, « Tableau 183-0002 – Emploi, salaires et traitements dans le secteur public, non désaisonnalisées et désaisonnalisées, annuel », CANSIM (base de données) [En ligne], http://www5.statcan.gc.ca/cansim/a01?lang=fra. Site consulté le 30 septembre 2011.

Affirmation 11 : Le Québec est l'endroit où l'on trouve le plus de gens qui ne paient pas d'impôts.

Johnson, Rachel et coll., « Why Some Tax Units Pay No Income Tax », *TPC/Urban Institute and Brookings Institution*, juillet 2011 [En ligne], http://www.taxpolicycenter.org/UploadedPDF/1001547-Why-No-Income-Tax.pdf.

Fortin, Pierre, « Les exemptés du fisc », *L'actualité*, 21 novembre 2007 [En ligne], http://www.lactualite.com/20071121_141821_5188.

Affirmation 12 : Le Québec souffre d'un des pires endettements au monde.

Lecavalier, Charles, « La zone grise de la dette », *Quartier Libre*, 6 janvier 2010 [En ligne], http://quartierlibre.ca/archives0810/La-zone-grise-de-la-dette.

Ministère des Finances du Québec, *La Dette du gouvernement du Québec*, février 2010 [En ligne], http://www.finances.gouv.qc.ca/documents/Autres/fr/AUTFR_LaDetteFev10_GouvQC.pdf.

Gobeil, Stéphane, « Cessons de faire peur au monde », *Cyberpresse*, 3 mars 2010 [En ligne], http://www.cyberpresse.ca/le-soleil/opinions/points-de-vue/201003/01/01-4256407-cessons-de-faire-peur-au-monde.php.

CIRANO, *La Problématique de la dette publique au Québec: causes, conséquences, solutions*, septembre 2005 [En ligne], http://www.cirano.qc.ca/pdf/publication/2005RB-06.pdf.

OCDE, *Déficit des administrations publiques* [En ligne], http://www.oecd-ilibrary.org/economics/deficit-des-administrations-publiques-2011_gov-dfct-table-2011-1-fr. Site consulté le 26 septembre 2011.

Affirmation 13 : Sans la péréquation, les Québécois seraient sans le sou.

Comité consultatif sur l'économie et les finances publiques, *Le Québec face à ses défis, fascicule 1 : Des services publics étendus. Une marge de manœuvre étroite. De nouveaux défis à relever*, décembre 2009 [En ligne], http://www.gtie.gouv.qc.ca/Consultprebudg/2010-2011/media/pdf/le-quebec-face-a-ses-defis-fascicule-1.pdf.

Picher, Claude, « La province de quêteux : un mythe », *La Presse*, 14 juin 2011 [En ligne], http://lapresseaffaires.cyberpresse.ca/opinions/chroniques/claude-picher/201106/14/01-4408942-la-province-de-queteux-un-mythe.php.

Institut de la statistique du Québec, « Comparaisons interprovinciales » [En ligne], http://www.stat.gouv.qc.ca/donstat/econm_finnc/conjn_econm/TSC/index.htm. Site consulté le 26 septembre 2011.

Affirmation 14 : Les Québécois forment une tribu nombriliste, refermée sur elle-même.

Montréal International, *Le Grand Montréal – Indicateurs d'attractivité 2010-2011*, 2010 [En ligne], http://www.montrealinternational.com/content/uploads/files/20112010/Indicateurs%20Final%20print%202010_Fr.pdf.

Angus Reid, « Half of Americans Would Deport All Illegal Residents », 18 juillet 2010 [En ligne], http://www.angus-reid.com/polls/39296/half_of_americans_would_deport_all_illegal_residents/.

Angus Reid, « More Canadians Are Questioning the Benefits of Immigration », 14 septembre 2010 [En ligne], http://www.angus-reid.com/polls/39498/more_canadians_are_questioning_the_benefits_of_immigration/.

B'nai Brith Canada, *Rapport des incidents d'antisémitisme en 2010 – Synopsis national*, avril 2010 [En ligne], http://jewishtribune.ca/tribune/PDF/audit2010/FRAudit2010SynopsisNational.pdf.

Jedwab, Jack, *The Roots of Perception : How Some Canadian Founding Groups Feel About Others ?*, Association d'études canadiennes,

27 janvier 2010 [En ligne], http://www.acs-aec.ca/pdf/polls/12646088233661.doc.

Affirmation 15 : Le faible taux de natalité québécois est un signe de déclin.

Institut de la statistique du Québec, « Comparaisons interprovinciales – La démographie » [En ligne], http://www.stat.gouv.qc.ca/donstat/econm_finnc/conjn_econm/TSC/pdf/chap1.pdf. Site consulté le 27 septembre 2010.

CIA, « Birth Rates », *The World Factbook* [En ligne], https://www.cia.gov/library/publications/the-world-factbook/rankorder/2054rank.html.

Toynbee, Arnold J., *Civilization On Trial*, New York, Oxford University Press, 1948.

Chapitre II
Et si on faisait encore mieux ?

UK Department for Business, Innovation and Skills, « A New Vision for Skills », 16 novembre 2010 [En ligne], http://www.bis.gov.uk/news/topstories/2010/Nov/skills-for-sustainable-growth.

Chapitre III
La droite n'en parle jamais !

1. Québec, un havre de faible criminalité sur le continent américain

Statistique Canada, « Crimes haineux déclarés par la police, selon le facteur de motivation et les 10 plus grandes régions métropolitaines de recensement », 14 juin 2010 [En ligne], http://www.statcan.gc.ca/daily-quotidien/100614/t100614b2-fra.htm.

FBI, « 2008 Hate Crime Statistics » [En ligne], http://www2.fbi.gov/ucr/hc2008/data/table_13.html.

2. Obésité : le Québec ne fait pas le poids !

Ressources humaines et Développement des compétences Canada, « Indicateurs de mieux-être au Canada : Obésité » [En ligne], http://www4.rhdcc.gc.ca/.3ndic.1t.4r@-fra.jsp?iid=6. Site consulté le 2 octobre 2011.

3. Jeux de hasard : les Québécois pas si accros que ça

Statistique Canada, « Dépenses des ménages consacrés aux jeux de hasard » [En ligne], http://www.statcan.gc.ca/pub/75-001-x/tables-tableaux/topics-sujets/gambling-jeuxdehasard/2009/tbl004-fra.htm. Site consulté le 2 octobre 2011.